危险货物道路运输培训丛书

危险货物道路运输安全检查实用手册

本书编写组 ◎ 编

人民交通出版社股份有限公司
China Communications Press Co.,Ltd.

内 容 提 要

本书主要内容包括：危险货物道路运输企业安全管理技术要求、危险货物道路运输企业安全检查实施细则以及紧急切断装置检查与使用指南。

本书适用于危险货物道路运输企业或单位的从业人员（包括管理人员、驾驶人员、押运人员以及其他相关人员）业务培训；可作为各级交通运输主管部门、道路运输管理机构以及其他相关机构的参考资料；同时，本书也可作为高校、科研院所相关人员研究、学习的参考用书。

图书在版编目(CIP)数据

危险货物道路运输安全检查实用手册／《危险货物道路运输安全检查实用手册》编写组编. — 北京：人民交通出版社股份有限公司，2015.6

ISBN 978-7-114-12330-6

Ⅰ. ①危… Ⅱ. ①危… Ⅲ. ①公路运输-危险货物运输-交通运输安全-安全管理-法规-中国 ②公路运输-危险货物运输-交通运输安全-安全管理-中国 Ⅳ. ①D922.14 ②U492.8

中国版本图书馆 CIP 数据核字(2015)第 125743 号

Weixian Huowu Daolu Yunshu Anquan Jiancha Shiyong Shouce

书　　名：危险货物道路运输安全检查实用手册
著 作 者：本书编写组
责任编辑：杨丽改
出版发行：人民交通出版社股份有限公司
地　　址：(100011)北京市朝阳区安定门外外馆斜街 3 号
网　　址：http://www.ccpress.com.cn
销售电话：(010)59757973
总 经 销：人民交通出版社股份有限公司发行部
经　　销：各地新华书店
印　　刷：北京鑫正大印刷有限公司
开　　本：787×1092　1/16
印　　张：9
字　　数：166 千
版　　次：2015 年 6 月　第 1 版
印　　次：2018 年 2 月　第 3 次印刷
书　　号：ISBN 978-7-114-12330-6
定　　价：48.00 元

编 写 组

主　编：周　炜

副主编：李文亮　任春晓　张国胜

成　员：黄李原　董　轩　张学文　张会娜

晋　杰　李　臣　唐歌腾　曹兴举

巩建强　张　禄　唐　彬　任　欣

前言

随着我国经济社会的飞速发展，社会各行业对危险货物运输需求迅速增长，危险货物相关重特大道路交通事故时有发生。近年来，先后发生了包茂高速“8·26”、晋济高速“3·1”、沪昆高速“7·19”以及荣乌高速“1·16”等多起重特大道路交通事故，造成了无法挽回的人员伤亡、财产损毁和环境污染。大量法规、标准及文件都涉及危险货物运输安全管理技术要求，相关文件中的具体内容会动态更新变化，不便于行业管理部门的安全监管、企业日常的自查自纠和从业人员学习使用，国家和行业制定的一系列确保危险货物道路运输安全的法律、法规及相关要求在实际执行过程中落不到实处，迫切需要简单实用的《危险货物道路运输安全检查实用手册》。

本书根据我国危险货物道路运输企业安全管理实际情况，结合《中华人民共和国安全生产法》、《道路危险货物运输管理规定》、《道路货物运输及站场管理规定》等相关法律、规章、标准的颁布实施，采用资料审查、现场抽查、交谈与询问等检查方法，编制了《危险货物道路运输企业安全检查实施细则》，便于基层行业管理机构以及从事危险货物道路运输的企业或单位管理人员使用。

根据国家安全监管总局、工业和信息化部、公安部、交通运输部及国家质检总局等五部局联合下发的《关于在用液体危险货物罐车加装紧急切断装置有关事项的通知》(安监总管三〔2014〕74号)、《关于明确在用液体危险货物罐车加装紧急切断装置液体介质范围的通知》(安监总管三〔2014〕135号)等文件要求，结合当前各级交通运输主管部门、道路运输管理机构对加装紧急切断装置查验工作的实际需要，编写组编制了紧急切断装置检查与使用指南。

交通运输部运输服务司、国家安全生产监管总局监管二司领导大力支持本书编写工作，交通运输部运输服务司货运处、车辆处领导具体指导与审阅书稿，长安大学、四川省交通运输厅道路运输管理局、北京市交通委员会道路运输管理局、江苏省道路运输管理局、辽宁省道路运输管理局、上海市城市交通运输管理处以及内蒙古自治区交通运输管理局等单位全力协助编写。本书由周炜担任主编，参与编写人员有李文亮、任春晓、张国胜、黄李原、董轩、张学文、张会娜、晋杰、李臣、唐歌腾、曹兴举、巩建强、张禄、唐彬、任欣。

本书编写组

使用说明

根据我国危险货物道路运输企业安全管理实际情况，编写组围绕交通运输部“三关一监督”职责范围，结合2014年最新的相关法律、规章、标准的颁布实施，重点从企业经营范围及从业人员资格，安全生产基础，从业人员管理，车辆、设施与设备管理，运输过程监管与应急处置等方面，整理汇编了危险货物道路运输企业安全管理技术要求，详见附录1。

在危险货物道路运输企业安全管理技术要求的基础上，采用资料审查、现场抽查、交谈与询问等检查方法，编制了《危险货物道路运输企业安全检查实施细则》，并形成了危险货物道路运输企业安全管理《资料审查简表》、《现场检查简表》以及《交流询问简表》，便于基层行业管理机构以及从事危险货物道路运输的企业或单位管理人员直接使用，详见第一篇。

根据国家安全监管总局、工业和信息化部、公安部、交通运输部及国家质检总局等五部局联合下发的《关于在用液体危险货物罐车加装紧急切断装置有关事项的通知》（安监总管三〔2014〕74号）、《关于明确在用液体危险货物罐车加装紧急切断装置液体介质范围的通知》（安监总管三〔2014〕135号）等文件要求，结合当前各级交通运输主管部门、道路运输管理机构对加装紧急切断装置查验工作的实际需要，编制了紧急切断装置检查与使用指南，包括紧急切断阀工作原理、类型及选用、检查方法、使用要求以及应急处置等，详见第二篇。

相关的法律法规、标准规范

根据《道路运输术语》(GB 8226—2008)及《道路危险货物运输管理规定》(交通运输部令2013年第2号)中的相关定义,道路运输危险货物是指在道路上使用汽车从事运输具有燃烧、爆炸、腐蚀、有毒等性质,可能引起人身伤亡和财产毁损而需要特别防护的货物。其特点:有爆炸、毒害、腐蚀等特性,易造成人身伤亡、财产毁损或环境污染,在运输、装卸和储存过程中需特别防护。

按照国家标准《危险货物分类和品名编号》(GB 6944—2012)、《危险货物品名表》(GB 12268—2012)有关规定,危险货物分为9类:第一类爆炸品,第二类气体,第三类易燃液体,第四类易燃固体、易于自燃的物质、遇水放出易燃气体的物质,第五类氧化性物质和有机过氧化物,第六类毒性物质和感染性物质,第七类放射性物质,第八类腐蚀性物质,第九类杂项危险物质和物品。

危险货物道路运输事故易造成群死群伤、环境污染和生态破坏等后果,产生恶劣的社会影响,历来受到国务院、交通运输部及其他相关部委的高度关注。近年来,我国危险货物道路运输有关的法规不断完善,基本具备了危险化学品生产、经营、储存、运输、使用的法律、法规、规章和标准。

(1)法律有《中华人民共和国安全生产法》、《中华人民共和国道路交通安全法》、《中华人民共和国环境保护法》等;

(2)国务院颁布的条例有《危险化学品安全管理条例》、《中华人民共和国道路运输条例》等;

(3)部门规定有《道路危险货物运输管理规定》等;

(4)国家标准有《危险货物品名表》(GB 12268—2012)、《危险货物分类和品名编号》(GB 6944—2012)、《危险货物运输包装通用技术条件》(GB 12463—2009)、《道路运输危险货物车辆标志》(GB 13392—2005)等;

(5)行业标准有《汽车运输危险货物规则》(JT 617—2004)、《汽车运输、装卸危险货物作业规程》(JT 618—2004)、《危险货物道路运输企业运输事故应急预案编制要求》(JT/T 911—2014)、《危险货物道路运输企业安全生产管理制度编写说明》(JT/T 912—2014)、《危险货物道路运输企业安全生产责任制编写要求》(JT/T 913—2014)及《危险货物道路运输企业安全生产档案管理技术要求》(JT/T 914—2014)等。

我国危险货物道路运输法规体系如图A所示。危险货物道路运输标准体系如图B所示。

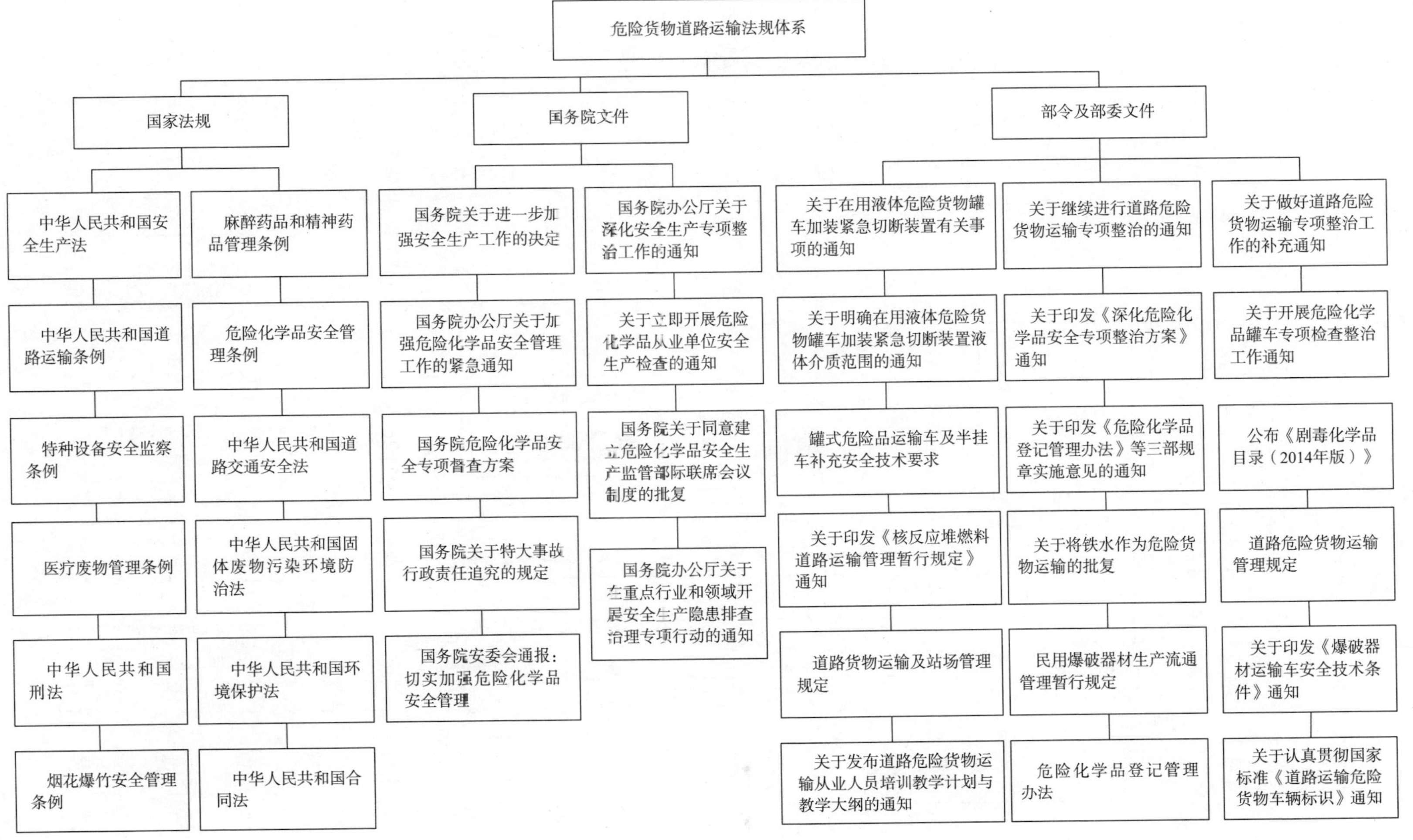

图A　危险货物道路运输法规体系

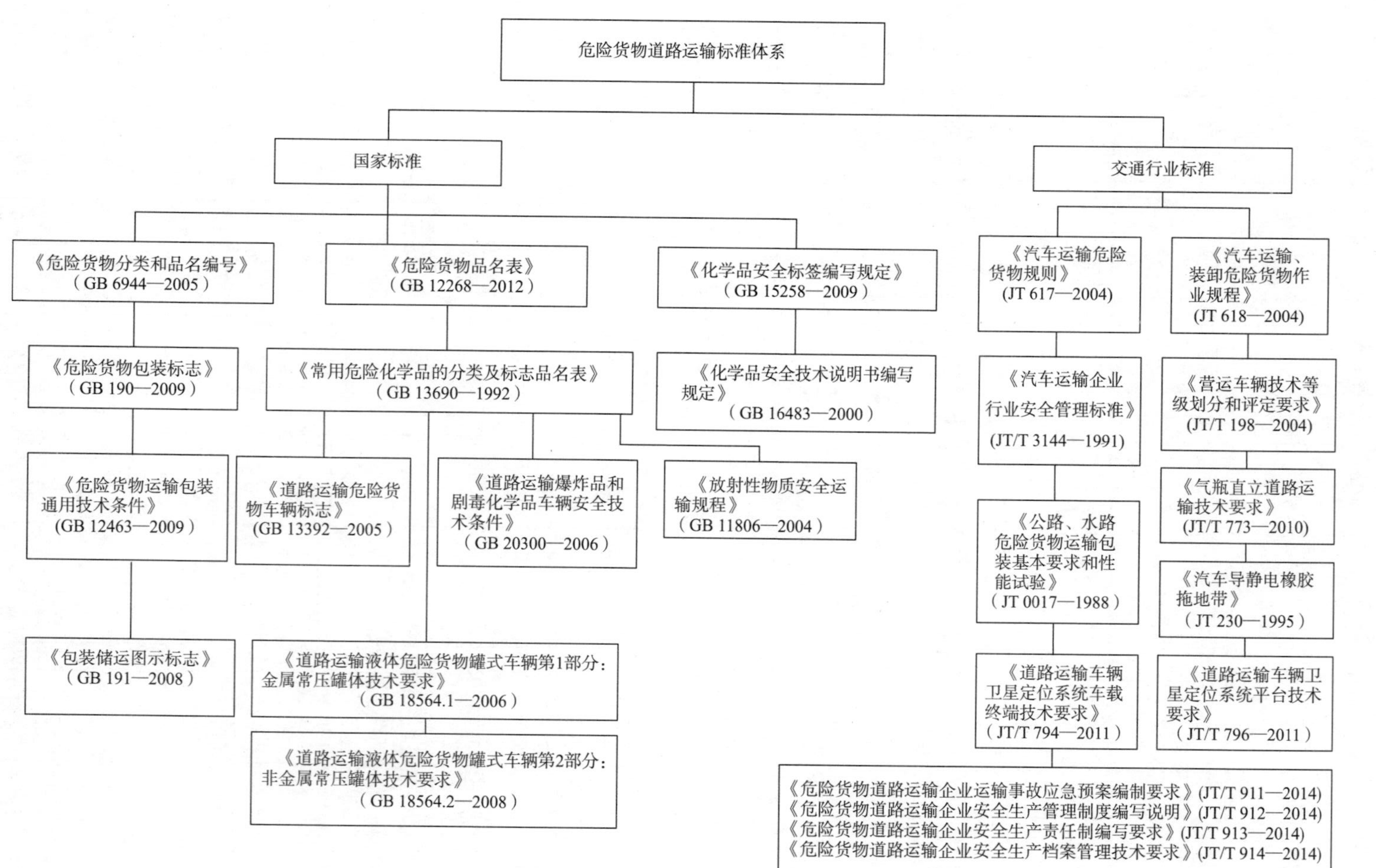

图B　危险货物道路运输标准体系

第一篇 危险货物道路运输企业安全检查实施细则

第一章 企业经营范围及人员从业资格 …… 3

第一节 企业经营范围及变更报备 …… 3

第二节 人员从业资格 …… 4

第二章 安全生产基础 …… 8

第一节 安全管理机构 …… 8

第二节 安全生产责任制 …… 10

第三节 安全生产管理制度 …… 13

第四节 安全生产会议 …… 15

第五节 安全生产档案管理 …… 17

第三章 从业人员管理 …… 19

第一节 招聘录用与解聘及资格证管理 …… 19

第二节 安全培训教育与考核 …… 20

第三节 安全生产操作考核与奖惩 …… 23

第四章 车辆、设施与设备管理 …… 25

第一节 车辆技术状况 …… 25

第二节 车辆安全设施设备 …… 29

第三节 车辆检测与维护 …… 32

第四节 停车场与设施设备管理 …… 34

第五节 劳动防护与装卸机械及工具 …… 37

第五章 运输过程监管与应急处置 …… 40

第一节 承运受理与操作规程 …… 40

第二节 运输过程监控 …… 44

第三节　应急处置与事故处理 …… 47
第四节　安全生产监督检查 …… 53

第二篇　紧急切断装置检查与使用指南

第一章　工作原理 …… 67
第二章　类型及选用 …… 69
第三章　检查方法 …… 72
第四章　使用要求 …… 75
第五章　应急处置 …… 79

附　　录

附录 1　危险货物道路运输企业安全管理技术要求 …… 83
附录 2　《中华人民共和国安全生产法》 …… 94
附录 3　《道路危险货物运输管理规定》 …… 113
附录 4　国家安全监管总局　工业和信息化部　公安部　交通运输部　国家质检总局 关于在用液体危险货物罐车加装紧急切断装置有关事项的通知 …… 126
附录 5　国家安全监管总局　工业和信息化部　公安部　交通运输部　国家质检总局 关于明确在用液体危险货物罐车加装紧急切断装置液体介质范围的通知 …… 130

第一篇 危险货物道路运输企业安全检查实施细则

《危险货物道路运输企业安全检查实施细则》包括企业经营范围及从业人员资格、安全生产基础、从业人员管理、车辆及设施与设备管理、运输过程监管与安全应急处置五大部分，合计60个技术要求，与《危险货物道路运输企业安全管理技术要求》（见附录1）完全对应。每个技术要求对应有制定依据和检查实施方法。制定依据主要包括法律法规标准等，一些正在制修订尚未正式发布的最新标准规范也作为依据。检查实施方法说明了“怎么查、查什么”的问题。为了便于基层行业管理机构以及从事危险货物道路运输的企业或单位管理人员直接使用，形成了《危险货物道路运输企业安全检查——资料审查简表》《危险货物道路运输企业安全检查——现场审查简表》《危险货物道路运输企业安全检查——交流询问简表》。

第一章 企业经营范围及人员从业资格

第一节 企业经营范围及变更报备

第 1 条 企业经营范围

企业应在道路运输管理机构批准的范围内经营。

【依据】

《中华人民共和国道路运输条例》第六十四条 未取得道路运输经营许可，擅自从事道路运输经营的，由县级以上道路运输管理机构责令停止经营。

【检查方法】

资料审查

(1)《企业法人营业执照》是否在有效期内。

(2)《道路运输经营许可证》是否在有效期内。

(3)《道路运输证》是否在有效期内。

(4)《道路运输经营许可证》与《道路运输证》的经营范围是否相一致。

(5)查看运单或行车日志，是否超越《道路运输经营许可证》《道路运输证》经营范围。

第 2 条 企业变更备案

危险货物道路运输企业或者单位变更法定代表人、名称、地址等工商登记事项向原许可机关备案。

【依据】

《道路危险货物运输管理规定》第二十条 道路危险货物运输企业或者单位需要变更许可事项的，应当向原许可机关提出申请，按照本章有关许可的规定办理。道路危险货物运输企业或者单位变更法定代表人、名称、地址等工商登记事项的，应当在30日内向原许可机关备案。

【检查方法】

资料审查

(1)《组织机构代码证》是否在有效期内。

(2)《税务登记证》是否在有效期内。

(3)《企业法人营业执照》《组织机构代码证》《税务登记证》以及《道路运输经营许可证》的法定代表人、名称、地址等工商登记事项是否相一致。

第二节　人员从业资格

第3条　专职安全管理人员从业资格

企业专职安全管理人员应满足下列条件之一：

(1)取得危险货物道路运输从业资格证,且在有效期内。

(2)有符合“危险货物道路运输专职安全管理人员管理办法”工作资历证明。

【依据】

1)《危险化学品安全管理条例》

第四十三条　危险化学品道路运输企业、水路运输企业应当配备专职安全管理人员。

2)《道路危险货物运输管理规定》

第八条第(三)款第3项　企业应当配备专职安全管理人员。

3)《危险货物道路运输专职安全管理人员管理办法(建议稿)》

第七条(从业条件)　从事危险货物道路运输企业安全管理工作的专职安全管理人员,应当具备以下从业条件：

(一)熟悉相关危险货物道路运输安全管理的法律、法规、规章和标准。

(二)掌握危险货物的运输安全技术、运输装卸作业流程、危险特性、安全防护和应急处置等专业知识。

(三)具有从事3年以上货物运输企业或单位的安全管理相关工作资历且无不良从业记录。

第十条(从业备案)　危险货物道路运输企业聘用专职安全管理人员,企业应当在1个月内向市级道路运输管理机构申请备案。备案时,企业应当提交专职安全管理人员的身份证复印件、劳动合同复印件和第七条规定的工作资历证明。

本办法实施之前已聘用的专职安全管理人员，企业应当在本办法实施后1个月内向道路运输管理机构申请备案。

聘用取得《中华人民共和国危险货物道路运输专职安全管理人员从业资格证》(以下简称“《从业资格证》”)的专职安全管理人员的，备案时应当予以标注。

【检查方法】

资料审查

查阅专职安全管理人员档案，核查是否满足下列条件之一：

(1)取得从业资格证，且在有效期内。

(2)有符合“危险货物道路运输专职安全管理人员管理办法”的工作资历证明。

第4条　专职安全管理人员配备人数

危险货物道路运输企业，车辆数在30辆及以下的，应当至少配备1名专职安全管理人员；车辆数为31～60(含)辆时，应当至少配备2名专职安全管理人员；车辆数超过60辆时，超出部分每增加30辆运输车辆应当至少增加1名专职安全管理人员。

【依据】

1)《危险货物道路运输专职安全管理人员管理办法(建议稿)》

第八条(配备人数)　危险货物道路运输企业，车辆数在30辆及以下的，应当至少配备1名专职安全管理人员；车辆数为31～60(含)辆时，应当至少配备2名专职安全管理人员；车辆数超过60辆时，超出部分每增加30辆运输车辆应当至少增加1名专职安全管理人员。

2)《危险化学品安全管理条例》

第九十一条　危险化学品道路运输企业、水路运输企业未配备专职安全管理人员的，由交通运输主管部门责令改正，可以处1万元以下的罚款；拒不改正的，处1万元以上5万元以下的罚款。

3)《道路危险货物运输管理规定》

第六十五条　违反本规定，道路危险货物运输企业或者单位未配备专职安全管理人员的，由县级以上道路运输管理机构责令改正，可以处1万元以下的罚款；拒不改正的，对危险化学品运输企业或单位处1万元以上5万元以下的罚款，对运输危险化学品以外其他危险货物的企业或单位处1万元以上2万元以下的罚款。

【检查方法】

资料审查

(1)查阅专职安全管理人员名单,核查是否有聘书或任命书等证明文件。

(2)查阅专职安全管理人员名单和车辆清册,核查专职安全管理人员是否与企业车辆数相匹配。

第5条　驾驶人员、押运人员和装卸管理人员从业资格

危险货物道路运输车辆(简称“专用车辆”)的驾驶人员、企业押运人员和装卸管理人员全部取得危险货物道路运输从业资格证,且在有效期内。从事剧毒化学品、爆炸品道路运输的驾驶人员、装卸管理人员、押运人员,应取得注明为剧毒化学品运输或者爆炸品运输类别的从业资格证。

【依据】

《道路危险货物运输管理规定》

第八条第(三)款第2项　从事道路危险货物运输的驾驶人员、装卸管理人员、押运人员应当经所在地设区的市级人民政府交通运输主管部门考试合格,并取得相应的从业资格证;从事剧毒化学品、爆炸品道路运输的驾驶人员、装卸管理人员、押运人员,应当经考试合格,取得注明为剧毒化学品运输或者爆炸品运输类别的从业资格证。

【检查方法】

资料审查

查阅“驾驶人员、押运人员、装卸管理人员档案”,核查:

(1)是否全部取得从业资格证且在有效期内。

(2)从业人员资格证是否加盖现单位公章。

(3)从事剧毒化学品、爆炸品道路运输的从业资格证是否注明为剧毒化学品或者爆炸品。

第6条　驾驶人员驾驶证

专用车辆的驾驶人员取得相应机动车驾驶证,年龄不超过60周岁。

【依据】

《道路危险货物运输管理规定》

第八条第(三)款第1项　专用车辆的驾驶人员取得相应机动车驾驶证,年

龄不超过60周岁。

【检查方法】

资料审查

查阅"驾驶人员档案",核查:

(1)驾驶人员是否取得相应机动车驾驶证。

(2)驾驶人员年龄是否不超过60周岁。

第7条　驾驶人员、押运人员配备人数

专用车辆的驾驶人员、押运人员配备数量与企业危险品运输专用车辆数量相适应。

【依据】

《道路危险货物运输管理规定》

第八条第(三)款第1项　专用车辆的驾驶人员取得相应机动车驾驶证,年龄不超过60周岁。

第四十条　在道路危险货物运输过程中,除驾驶人员外,还应当在专用车辆上配备押运人员,确保危险货物处于押运人员监管之下。

【检查方法】

资料审查

查阅"已聘用从业人员基本信息表"、车辆基本情况表,核查:

(1)是否达到至少一车一驾驶人员。

(2)是否达到至少一车一押运人员。

(3)是否与道路运输管理机构从业人员信息管理系统信息一致。

第二章　安全生产基础

第一节　安全管理机构

第8条　安全生产决策机构

企业及分支机构设置了安全生产决策机构,有机构设置文件或资料;安全生产决策机构由企业主要负责人、生产经营负责人及相关部门主要负责人组成。

【依据】

1)《中华人民共和国安全生产法》

第二十一条　矿山、金属冶炼、建筑施工、道路运输单位和危险物品的生产、经营、储存单位,应当设置安全生产管理机构或者配备专职安全生产管理人员。

前款规定以外的其他生产经营单位,从业人员超过一百人的,应当设置安全生产管理机构或者配备专职安全生产管理人员;从业人员在一百人以下的,应当配备专职或者兼职的安全生产管理人员。

2)《危险货物道路运输企业安全生产责任制编写要求》(JT/T 913—2014)

5.3.1　安全生产管理机构设置　企业根据法律法规要求及安全生产管理需要,设置的安全生产管理机构,至少应包括安全生产决策机构和安全生产管理部门。

【检查方法】

资料审查

(1)是否有"安全生产决策机构设置"文件。

(2)是否有"安全生产决策机构人员组成及变更情况"文件。

(3)安全生产决策机构组成人员是否符合要求。

现场检查

安全生产委员会或者安全生产领导小组机构图、人员名单、联系电话是否上墙明示。

第9条 安全生产管理部门

企业设立安全生产管理部门,有部门设置文件。

【依据】

《危险货物道路运输企业安全生产责任制编写要求》(JT/T 913—2014)

5.3.1 安全生产管理机构设置 企业根据法律法规要求及安全生产管理需要,设置的安全生产管理机构,至少应包括安全生产决策机构和安全生产管理部门。

【检查方法】

资料审查

查阅是否有"安全生产管理部门设置"文件。

第10条 应急救援组织

企业构建危险货物事故应急救援体系,成立以法定代表人为负责人的应急救援组织,至少包括应急领导组、技术指导组和现场工作组,有机构设置文件。

【依据】

1)《中华人民共和国安全生产法》

第七十六条 国家加强生产安全事故应急能力建设,在重点行业、领域建立应急救援基地和应急救援队伍,鼓励生产经营单位和其他社会力量建立应急救援队伍,配备相应的应急救援装备和物资,提高应急救援的专业化水平。

第七十九条 危险物品的生产、经营、储存单位以及矿山、金属冶炼、城市轨道交通运营、建筑施工单位应当建立应急救援组织;生产经营规模较小的,可以不建立应急救援组织,但应当指定兼职的应急救援人员。

危险物品的生产、经营、储存、运输单位以及矿山、金属冶炼、城市轨道交通运营、建筑施工单位应当配备必要的应急救援器材、设备和物资,并进行经常性维护、保养,保证正常运转。

2)《道路危险货物运输管理规定》

第四十九条 道路危险货物运输企业或者单位应当加强安全生产管理,制订突发事件应急预案,配备应急救援人员和必要的应急救援器材、设备,并定期组织应急救援演练,严格落实各项安全制度。

3)《危险货物道路运输企业运输事故应急预案编写要求》(JT/T 911—2014)

4.2　应急救援组织　设置应急救援组织,至少包括应急领导组、技术指导组和现场工作组,明确各组职责。

【检查方法】

资料审查

(1)是否有"应急救援组织"设置文件。

(2)应急救援组织是否包括应急领导组、技术指导组和现场工作组。

(3)应急救援组织组长是否由法人担任。

现场检查

应急救援组织成员名单、联系电话是否上墙明示。

【备注】

"第一节　安全管理机构"的要求适用于30辆车以上的企业。

第二节　安全生产责任制

第11条　安全生产责任制度

企业应建立安全生产责任制度,企业安全生产制度符合《危险货物道路运输企业安全生产责任制编写要求》(JT/T 913—2014)等法律法规的要求。

【依据】

1)《中华人民共和国安全生产法》

第四条　生产经营单位必须遵守本法和其他有关安全生产的法律、法规,加强安全生产管理,建立、健全安全生产责任制和安全生产规章制度,改善安全生产条件,推进安全生产标准化建设,提高安全生产水平,确保安全生产。

第十九条　生产经营单位的安全生产责任制应当明确各岗位的责任人员、责任范围和考核标准等内容。

2)《道路危险货物运输管理规定》

第八条第(四)款　有健全的安全生产管理制度:

1. 企业主要负责人、安全管理部门负责人、专职安全管理人员安全生产责任制度。

2. 从业人员安全生产责任制度。

3)《危险货物道路运输企业安全生产责任制编写要求》(JT/T 913—2014)

4.3　企业安全生产责任制应至少包括下列内容:

a) 安全生产目标;

b) 安全生产管理机构;

c) 安全生产岗位;

d) 安全生产责任考核;

e) 安全生产责任奖惩;

f) 附则。

【检查方法】

资料审查

(1)是否有安全生产责任制度文件。

(2)企业安全生产责任制度内容是否包括安全生产目标、安全生产管理机构、安全生产岗位、安全生产责任考核与奖惩。

第12条 安全生产岗位职责

企业每年与相应岗位责任人签订《安全生产目标责任书》,有记录和资料。《安全生产目标责任书》的签订人员至少应包括主要负责人、分管安全的企业负责人、安全管理部门负责人、专职安全管理人员、驾驶人员、押运人员、装卸管理人员。相应岗位责任书或责任状应符合安全生产责任制度。

【依据】

1)《中华人民共和国安全生产法》

第十九条 生产经营单位的安全生产责任制应当明确各岗位的责任人员、责任范围和考核标准等内容。

2)《道路危险货物运输管理规定》

第八条第(四)款 有健全的安全生产管理制度:

1. 企业主要负责人、安全管理部门负责人、专职安全管理人员安全生产责任制度。

2. 从业人员安全生产责任制度。

3)《危险货物道路运输企业安全生产责任制编写要求》(JT/T 913—2014)

5.4.1 安全生产岗位人员 安全生产岗位的人员一般包括主要负责人、分管安全的企业负责人、安全管理部门负责人、专职安全管理人员、驾驶人员、押运人员、装卸管理人员及其他岗位人员。

【检查方法】

资料审查

(1)是否和各岗位责任人签订《安全生产目标责任书》。

(2)各岗位责任书内容是否与企业责任制度文本内容相符。

交谈与询问

分别与主要负责人、分管安全的负责人、安全管理部门负责人,以及其他岗位人员代表交谈,核查各岗位人员是否了解其岗位安全生产责任。

第13条 安全生产管理机构职责

企业根据安全生产决策、安全生产管理等机构或部门的设置情况,制定职能部门安全职责,有相应文件或资料。各职能部门安全职责内容符合《危险货物道路运输企业安全生产责任制编写要求》(JT/T 913—2014)和相关法律、法规、规章和标准的要求。职能部门安全职责向企业全体职工公示。

【依据】

1)《中华人民共和国安全生产法》

第二十二条 生产经营单位的安全生产管理机构以及安全生产管理人员履行下列职责:(一)组织或者参与拟订本单位安全生产规章制度、操作规程和生产安全事故应急救援预案;(二)组织或者参与本单位安全生产教育和培训,如实记录安全生产教育和培训情况;(三)督促落实本单位重大危险源的安全管理措施;(四)组织或者参与本单位应急救援演练;(五)检查本单位的安全生产状况,及时排查生产安全事故隐患,提出改进安全生产管理的建议;(六)制止和纠正违章指挥、强令冒险作业、违反操作规程的行为;(七)督促落实本单位安全生产整改措施。

2)《危险货物道路运输企业安全生产责任制编写要求》(JT/T 913—2014)

5.3.1 安全生产管理机构设置

企业根据法律法规要求及安全生产管理需要,设置的安全生产管理机构,至少应包括安全生产决策机构和安全生产管理部门。

5.3.2 安全生产决策机构安全职责

安全生产决策机构安全职责应至少包括:

a) 负责领导本企业的安全生产工作;

b) 研究决策本企业安全生产的重大问题;

c) 贯彻执行国家和行业有关安全生产法律、法规、规章和标准的要求;

d) 研究、审议和批准安全生产规划、目标、管理体系、安全管理机构设置、安全投入、安全评价等安全管理的重大事项。

5.3.3 安全生产管理部门安全职责

安全生产管理部门安全职责应至少包括：

a) 贯彻落实安全生产决策机构有关安全生产决定和管理措施；

b) 组织制定(修订)和执行安全生产管理制度、操作规程、安全生产工作计划、安全生产费用预算、应急预案等；

c) 组织召开安全会议,开展安全生产活动,提出安全生产管理建议；

d) 负责安全生产工作的监督、检查、考核、通报；

e) 负责安全设施、设备、防护用品管理与发放；

f) 负责车辆的维护；

g) 危险货物受理、审核及相应营运手续办理；

h) 制订运输组织方案及车辆人员调度方案；

i) 专职安全管理人员、从业人员的审核、聘用、奖惩、解聘、劳动安全、职业健康等；

j) 负责运输事故现场协调、配合、调查与报告；

k) 安全生产管理档案建立、信息统计等。

【检查方法】

资料审查

(1)是否有“各职能部门安全生产责任”文件或资料。

(2)内容是否符合《危险货物道路运输企业安全生产责任制编写要求》(JT/T 913—2014)的要求。

(3)是否有向全体员工公示的证明材料。

【备注】

按规定未设置安全管理机构的可不进行检查。

第三节 安全生产管理制度

第 14 条 安全生产管理制度

企业应建立安全生产管理制度,至少应包括:安全生产监督检查制度、安全生产教育培训制度、从业人员安全管理制度、专用车辆安全管理制度、安全设施设备(停车场)管理制度、应急救援预案管理制度、安全生产会议制度、安全生产考核与奖惩制度、安全事故报告、统计与处理制度。各项安全生产管理制度的内容符合《危险货物道路运输企业安全生产管理制度编写要求》(JT/T 912—2014)等相关法律、法规、规章及标准的要求。

【依据】

1)《道路危险货物运输管理规定》

第八条第(四)款　有健全的安全生产管理制度:

1. 企业主要负责人、安全管理部门负责人、专职安全管理人员安全生产责任制度。

2. 从业人员安全生产责任制度。

3. 安全生产监督检查制度。

4. 安全生产教育培训制度。

5. 从业人员、专用车辆、设备及停车场地安全管理制度。

6. 应急救援预案制度。

7. 安全生产作业规程。

8. 安全生产考核与奖惩制度。

9. 安全事故报告、统计与处理制度。

2)《危险货物道路运输企业安全生产管理制度编写要求》(JT/T 912—2014)

5.1　安全生产管理制度

危险货物道路运输企业安全生产管理制度,至少应包括下列内容:

a)　安全生产监督检查制度;

b)　安全生产教育培训制度;

c)　从业人员安全管理制度;

d)　专用车辆安全管理制度;

e)　安全设施设备(停车场)管理制度;

f)　应急救援预案管理制度;

g)　安全生产会议制度;

h)　安全生产考核与奖惩制度;

i)　安全事故报告、统计与处理制度。

【检查方法】

资料审查

查阅“安全生产管理制度”档案,核查:

(1)是否有安全生产监督检查制度。

(2)是否有安全生产教育培训制度。

(3)是否有从业人员安全管理制度。

(4)是否有专用车辆安全管理制度。

(5)是否有安全设施设备(停车场)管理制度。

(6)是否有应急救援预案制度。

(7)是否有安全生产会议制度。

(8)是否有安全生产考核与奖励制度。

(9)是否有安全事故报告统计与处理制度。

第四节 安全生产会议

第 15 条 安全生产工作会议

定期召开安全生产领导机构或领导小组的安全生产工作会议,且每季度至少召开一次。

安全生产领导机构或领导小组工作会议内容至少应包括企业在相应时间段内安全生产目标改进、安全生产岗位职责落实及安全管理重要人员变更、安全管理制度改进、安全生产情况分析、事故隐患整改情况、重要安全工作决策与部署等。

每次安全生产工作会议的记录档案完整、清晰,至少包括会议召开通知、会议照片记录、参会人员签名、记录人、会议主要内容等。

【依据】

《危险货物道路运输企业安全生产管理制度编写要求》(JT/T 912—2014)

5.8.1 企业安全生产会议制度,至少应包括下列内容:

a) 适用范围;

b) 实施主体及职责分工;

c) 安全生产会议类别及内容;

d) 会议记录要求(包括会议召开通知、会议照片记录、参会人员签名、记录人、会议主要内容等);

e) 需明确的其他内容;

f) 附则(包括制定与解释、实施时间等)。

5.8.2 企业安全生产会议应分为安全生产领导机构工作会议及安全生产

工作例会。

a） 安全生产领导机构工作会议内容，至少应包括：

1）企业在相应时间段内安全生产目标改进；

2）安全生产岗位职责落实及安全管理重要人员变更；

3）安全管理制度改进；

4）安全生产情况分析；

5）事故隐患整改情况；

6）重要安全工作决策与部署等。

【检查方法】

资料审查

查阅安全生产会议记录，核查：

（1）安全生产工作会议每季度是否不少于一次。

（2）安全工作例会每月是否不少于一次。

（3）领导小组成员是否参加齐全。

（4）安全生产领导机构工作会议内容是否符合要求。

（5）会议记录是否包括会议召开通知、会议照片记录、参会人员签名、记录人、会议主要内容等。

第16条　安全生产工作例会

定期召开安全生产领导机构或领导小组的安全生产工作例会，且安全工作例会至少每月召开一次。

安全生产工作例会内容至少应包括企业在相应时间段内的安全生产工作与目标的实施情况、安全管理制度符合度评价、安全生产工作分析、安全工作实施部署等。

每次安全生产工作例会的记录档案完整、清晰，至少包括会议召开通知、会议照片记录、参会人员签名、记录人、会议主要内容等。

【依据】

《危险货物道路运输企业安全生产管理制度编写要求》（JT/T 912—2014）

5.8.2 b） 安全生产工作例会内容，至少应包括：

1）企业在相应时间段内的安全生产工作与目标的实施情况；

2）安全管理制度符合度评价；

3）安全生产工作分析；

4)安全工作实施部署等。

【检查方法】

资料审查

(1)安全工作例会是否每月至少召开一次。

(2)安全生产工作例会内容是否符合要求。

(3)会议记录是否包括会议召开通知、会议照片记录、参会人员签名、记录人、会议主要内容等。

第五节 安全生产档案管理

第17条 安全生产档案内容

各项安全生产档案内容符合《危险货物道路运输企业安全生产档案管理技术要求》(JT/T 914—2014)。

档案内容应实事求是,不存在弄虚作假、代签代写等现象。

【依据】

《危险货物道路运输企业安全生产档案管理技术要求》(JT/T 914—2014)

【检查方法】

资料审查

(1)查阅企业安全生产档案,核查是否分为企业资质类、人员类、专用车辆类和监督检查类。

(2)档案记录内容是否实事求是,不存在弄虚作假、代签代写等现象。

第18条 安全生产档案保管

企业、车辆、人员证件及记录有效期发生变化,设备更换等有时效性的信息应及时更新。

危险货物道路运输车辆监控数据记录保存期限3个月;危险货物道路运输罐式车辆罐体检查记录保存期限2年;企业安全生产监督检查记录、驾驶人员违法驾驶及处理情况记录保存期限3年。

【依据】

《危险货物道路运输企业安全生产档案管理技术要求》(JT/T 914—2014)

7.2.2 企业、车辆、人员证件及记录有效期发生变化,设备更换等有时效性的信息应及时更新。

7.2.3　危险货物道路运输车辆监控数据记录(D3)保存期限3个月;危险货物道路运输罐式车辆罐体检查记录(D5)保存期限2年;企业安全生产监督检查记录(D1)、驾驶人员违法驾驶及处理情况记录(D8)保存期限3年。

【检查方法】

资料审查

(1)企业、车辆、人员证件及记录有效期发生变化,设备更换等有时效性的信息是否及时更新。

(2)危险货物道路运输车辆监控数据记录保存期限是否达到3个月。

(3)危险货物道路运输罐式车辆罐体检查记录保存期限是否达到2年。

(4)企业安全生产监督检查记录保存期限是否达到3年。

(5)驾驶人员违法驾驶及处理情况记录保存期限是否达到3年。

第三章　从业人员管理

第一节　招聘录用与解聘及资格证管理

第19条　从业人员招聘录用与解聘

危险货物道路运输企业应依法对从业人员进行招聘、录用、解聘和管理。具备包含企业招聘内容及要求、调离辞退条件、标准及程序的相关制度。企业应与录用的人员签订符合劳动合同法规定的聘用合同。保留从业人员内部转岗、离职、辞退的记录。

【依据】

《危险货物道路运输企业安全生产管理制度编写要求》(JT/T 912—2014)

5.4　从业人员安全管理制度

从业人员安全管理制度,至少应明确以下内容:

a)　制定依据;

b)　适用范围;

c)　实施主体及职责分工;

d)　招聘内容及要求等;

e)　从业人员信息;

f)　资格证管理程序(包括申请、审核、办理和备案等);

g)　参加安全培训教育学习和安全活动记录;

h)　违法、违章、违纪情况;

i)　调离辞退的条件、标准及程序;

j)　管理档案或台账记录;

k)　需明确的其他内容;

l)　附则(包括制定与解释、实施时间等)。

【检查方法】

资料审查

查阅“从业人员管理档案”,核查:

(1)是否有从业人员招聘、录用及解聘的管理记录。

(2)是否有“劳动关系合同”。

(3)是否有从业人员内部转岗和退出的记录。

(4)记录是否清晰、完整翔实。

第 20 条　资格证管理

资格证管理程序应符合从业人管理制度的要求。

【依据】

同第 19 条。

【检查方法】

资料审查

查阅资格证管理记录,核查:

资格证管理程序是否包括申请、审核、办理和备案等。

第二节　安全培训教育与考核

第 21 条　从业人员培训

危险货物道路运输企业应严格执行从业人员安全培训教育制度,对员工执行岗前培训和日常培训。新进员工、转岗员工、离岗 6 个月以上的以及企业采用新技术或者使用新设备时要进行岗前培训,所有从业人员按照规定进行日常培训,保留从业人员培训记录。

【依据】

1)《中华人民共和国安全生产法》

第二十五条　生产经营单位应当对从业人员进行安全生产教育和培训,保证从业人员具备必要的安全生产知识,熟悉有关的安全生产规章制度和安全操作规程,掌握本岗位的安全操作技能,了解事故应急处理措施,知悉自身在安全生产方面的权利和义务。未经安全生产教育和培训合格的从业人员,不得上岗作业。生产经营单位应当建立安全生产教育和培训档案,如实记录安全生产教育和培训的时间、内容、参加人员以及考核结果等情况。

2)《危险化学品安全管理条例》

第四条 对从业人员进行安全教育、法制教育和岗位技术培训。从业人员应当接受教育和培训,考核合格后上岗作业;对有资格要求的岗位,应当配备依法取得相应资格的人员。

《道路危险货物运输管理规定》

第四十八条 道路危险货物运输企业或者单位应当通过岗前培训、例会、定期学习等方式,对从业人员进行经常性安全生产、职业道德、业务知识和操作规程的教育培训。

3)《危险货物道路运输企业安全生产管理制度编写要求》(JT/T 912—2014)

5.3 安全生产教育培训制度

5.3.1 企业安全生产教育培训制度,至少应明确以下内容:

a) 适用范围(包括企业各部门员工,以及来企业务工的临时工和实习人员等);

b) 实施主体及其职责分工;

c) 企业安全教育培训计划;

d) 安全教育培训的形式和内容;

e) 安全教育培训档案或台账的记录要求;

f) 需明确的其他内容;

g) 附则(包括制定与解释、实施时间等)。

5.3.2 企业安全生产教育培训包括岗前培训和日常培训。培训至少应包括以下内容:

a) 国家危险货物道路运输有关安全法律、法规、规章及标准;

b) 企业安全生产管理制度;

c) 企业常运危险货物的理化特性、职业危害及事故预防措施;

d) 安全设施设备、劳动防护用品(器具)及消防器材的正确使用和维护方法;

e) 员工职业道德教育;

f) 安全生产基本知识和安全行车知识;

g) 典型事故案例的警示教育;

h) 应急处置知识和应急设施与设备操作使用常识;

i) 异常情况紧急处置、事故应急预案、演练要求。

5.3.3　安全教育培训档案或台账的记录要求,至少应包括:

a)　培训时间和地点;

b)　授课人及培训内容;

c)　参加培训人员签名;

d)　考核时间、试卷、答案、成绩及阅卷人;

e)　违章违纪处理情况等。

【检查方法】

资料审查

(1)是否有"岗前培训记录"。

(2)是否有"日常培训记录"。

第22条　培训计划与培训内容

企业应制定年度安全教育培训计划,明确培训的内容和培训时间。按照培训计划开展培训。培训内容符合《危险货物道路运输企业安全生产管理制度编写要求》(JT/T 912—2014)的要求。应包括:

a)　国家危险货物道路运输有关安全法律、法规、规章及标准;

b)　企业安全生产管理制度;

c)　企业常运危险货物的理化特性、职业危害及事故预防措施;

d)　安全设施设备、劳动防护用品(器具)及消防器材的正确使用和维护方法;

e)　员工职业道德教育;

f)　安全生产基本知识和安全行车知识;

g)　典型事故案例的警示教育;

h)　应急处置知识和应急设施与设备操作使用常识;

i)　异常情况紧急处置、事故应急预案、演练要求。培训后应对所有参加岗位培训的人员进行考核,考核合格后方可上岗作业,保留从业人员考核记录。

【依据】

同第21条。

【检查方法】

资料审查

查阅企业安全学习及培训教育记录,核查:

(1)是否制定了年度安全培训计划。

(2)是否按照计划进行了培训。

(3)培训内容是否符合要求。

(4)是否有考核时间、试卷、答案、成绩及阅卷人等记录。

交谈与询问

从业人员是否了解培训、考核内容。

第三节 安全生产操作考核与奖惩

第23条 违法、违章、违纪情况

企业应按照从业人员管理制度的要求对其违法、违章、违纪情况进行记录。

【依据】

《危险货物道路运输企业安全生产管理制度编写要求》(JT/T 912—2014)

5.4 从业人员安全管理制度

从业人员安全管理制度,至少应明确以下内容:

a) 制定依据;

b) 适用范围;

c) 实施主体及职责分工;

d) 招聘内容及要求等;

e) 从业人员信息;

f) 资格证管理程序(包括申请、审核、办理和备案等);

g) 参加安全培训教育学习和安全活动记录;

h) 违法、违章、违纪情况;

i) 调离辞退的条件、标准及程序;

j) 管理档案或台账记录;

k) 需明确的其他内容;

l) 附则(包括制定与解释、实施时间等)。

【检查方法】

资料审查

查阅从业人员档案,是否有违法、违章、违纪情况记录。

第24条 安全生产操作考核与奖惩

企业应按照从业人员安全生产考核与奖惩制度对全体从业人员进行考核,

并保留考核与奖惩记录,记录应清晰完整。

【依据】

《危险货物道路运输企业安全生产管理制度编写要求》(JT/T 912—2014)

5.9　安全生产考核与奖惩制度

企业安全生产考核与奖惩制度,至少应包括下列内容:

a)　制定依据;

b)　适用范围及对象;

c)　实施主体及其职责分工;

d)　安全生产考核的具体方法和内容;

e)　奖惩的类型;

f)　奖励和处罚的条件;

g)　奖惩档案或台账的记录要求(包括考核时间、考核对象、考核人员、考核标准及结果、奖惩措施等);

h)　需明确的其他内容;

i)　附则(包括制定与解释、实施时间等)。

【检查方法】

资料审查

查阅安全生产考核与奖惩制度和安全考核奖惩台账,核查:

(1)考核内容是否满足 JT/T 912—2014 的要求。

(2)考核奖惩记录是否包括考核时间、考核对象、考核人员、考核标准及结果、奖惩措施等。

第四章 车辆、设施与设备管理

第一节 车辆技术状况

第25条 随车证件

随车携带有效的《行驶证》《道路运输证》《道路运输危险货物安全卡》。

【依据】

《道路危险货物运输管理规定》

第三十九条 驾驶人员应当随车携带《道路运输证》。驾驶人员或者押运人员应当按照《汽车运输危险货物规则》(JT 617—2004)的要求,随车携带《道路运输危险货物安全卡》。

【检查方法】

资料审查

查阅“车辆管理档案”。核查:

车辆的行驶证、道路运输证是否有效。

现场抽查

(1)是否随车携带有效的《行驶证》、道路运输证。

(2)是否随车携带《道路运输危险货物安全卡》。

【备注】

涉及车辆检查内容,按比例进行抽查,10辆车以下不低于3辆,10辆车以上不低于30%。

第26条 承运人责任险

危险货物道路运输企业或者单位应当为其承运的危险货物投保承运人责任险。

【依据】

1)《中华人民共和国道路运输条例》

第三十六条　客运经营者、危险货物运输经营者应当分别为旅客或者危险货物投保承运人责任险。

2)《危险货物道路运输管理规定》

第五十三条　道路危险货物运输企业或者单位应当为其承运的危险货物投保承运人责任险。

【检查方法】

资料审查

查阅"车辆管理档案"。核查:

是否有承运人责任险保险单。

第27条　卫星定位装置和通信工具

企业按照安装规范及相关标准,为车辆安装具有行驶记录功能的卫星定位装置,并接入监控平台和全国重点营运车辆联网联控系统;车辆应配备有效的通信工具。

【依据】

1)《中华人民共和国道路运输条例》

第二十三条第(三)款　危险货物运输专用车辆配有必要的通信工具。

2)《道路危险货物运输管理规定》

第八条第(一)款第5项　配备有效的通信工具;第6项 专用车辆应当安装具有行驶记录功能的卫星定位装置。

3)《道路运输车辆动态监督管理办法》

第十二条　旅游客车、包车客车、三类以上班线客车和危险货物运输车辆在出厂前应当安装符合标准的卫星定位装置。重型载货汽车和半挂牵引车在出厂前应当安装符合标准的卫星定位装置,并接入全国道路货运车辆公共监管与服务平台(以下简称道路货运车辆公共平台)。

车辆制造企业为道路运输车辆安装符合标准的卫星定位装置后,应当随车附带相关安装证明材料。

第十三条　道路运输经营者应当选购安装符合标准的卫星定位装置的车辆,并接入符合要求的监控平台。

第十五条　道路旅客运输企业和道路危险货物运输企业监控平台应当接入

全国重点营运车辆联网联控系统(以下简称联网联控系统),并按照要求将车辆行驶的动态信息和企业、驾驶人员、车辆的相关信息逐级上传至全国道路运输车辆动态信息公共交换平台。

【检查方法】

资料审查

是否有具有行驶记录功能的卫星装置安装证明材料。

现场抽查

(1)是否安装卫星定位系统车载终端。

(2)是否配备了有效的通信工具。

(3)是否随车携带卫星定位装置安装证明材料。

第28条　罐体要求

罐式专用车辆的罐体符合《道路运输液体危险货物罐式车辆》(GB 18564.1—2006与GB 18564.2—2008)等国家标准规定的技术条件,有合格证明文件。

【依据】

《道路危险货物运输管理规定》

第二十七条　罐式专用车辆的常压罐体应当符合国家标准《道路运输液体危险货物罐式车辆第1部分:金属常压罐体技术要求》(GB 18564.1—2006)、《道路运输液体危险货物罐式车辆第2部分:非金属常压罐体技术要求》(GB 18564.2—2008)等有关技术要求。

使用压力容器运输危险货物的,应当符合国家特种设备安全监督管理部门制订并公布的《移动式压力容器安全技术监察规程》(TSG R0005)等有关技术要求。

压力容器和罐式专用车辆应当在质量检验部门出具的压力容器或者罐体检验合格的有效期内承运危险货物。

【检查方法】

资料审查

(1)查阅车辆管理档案,是否有罐体检测合格证。

(2)查阅罐体出厂检查报告或紧急切断装置改装合格证,是否安装紧急切断装置。

现场抽查

(1)是否安装紧急切断装置。

(2)是否处于关闭状态。

【备注】

2014年7月7日之后出厂的金属常压罐式车辆必须安装紧急切断装置。2014年7月7日之前出厂的车辆,用于运输丙酮、苯、丁醇、乙酸丁酯、二甲胺水溶液、乙醇或乙醇溶液、乙酸乙酯、甲醛溶液、柴油、车用汽油或汽油、异丁醇、异丙醇、煤油、甲醇、甲苯、二甲苯、单体苯乙烯(稳定的)17种易燃、有危害性的液体介质,必须加装紧急切断装置,具备紧急切断装置加装合格的证明文件。非金属常压罐式车辆紧急切断装置安装应执行《道路运输液体危险货物罐式车辆 第2部分:非金属常压罐体技术要求》(GB 18564.2—2008)的规定。

第29条　车辆选型要求

运输剧毒、爆炸品、易燃危险货物的,应配备罐式车辆、厢式车辆或压力容器等专用容器。

除铰接列车、具有特殊装置的大型物件运输专用车辆外,严禁使用货车列车从事危险货物运输;倾卸式车辆只能运输散装硫黄、萘饼、粗蒽、煤焦沥青等危险货物。

罐式专用车辆的罐体载货后总质量与专用车辆核定载质量相匹配。运输爆炸品、强腐蚀性危险货物的罐式专用车辆的罐体容积不得超过20立方米,运输剧毒化学品的罐式专用车辆的罐体容积不得超过10立方米,但运输符合国家有关标准的罐式集装箱除外;运输剧毒化学品、爆炸品、强腐蚀性危险货物的非罐式专用车辆,核定载质量不得超过10吨,但运输符合国家有关标准的集装箱的非罐式专用车辆除外。

无报废、擅自改装和其他不符合国家规定的车辆从事危险货物道路运输的情况。

【依据】

《道路危险货物运输管理规定》

第八条　7.运输剧毒化学品、爆炸品、易制爆危险化学品的,应当配备罐式、厢式专用车辆或者压力容器等专用容器。8.罐式专用车辆的罐体应当经质量检验部门检验合格,且罐体载货后总质量与专用车辆核定载质量相匹配。运输爆炸品、强腐蚀性危险货物的罐式专用车辆的罐体容积不得超过20立方米,运输剧毒化学品的罐式专用车辆的罐体容积不得超过10立方米,但符合国家有关标准的罐式集装箱除外。9.运输剧毒化学品、爆炸品、强腐蚀性危险货物的非罐式专用车辆，核定载质量不得超过 10 吨，但符合国家有关标准的集装箱运输专用车辆除外。

第二十四条　禁止使用报废的、擅自改装的、检测不合格的、车辆技术等级达不到一级的和其他不符合国家规定的车辆从事道路危险货物运输。除铰接列车、具有特殊装置的大型物件运输专用车辆外，严禁使用货车列车从事危险货物运输；倾卸式车辆只能运输散装硫黄、萘饼、粗蒽、煤焦沥青等危险货物。禁止使用移动罐体（罐式集装箱除外）从事危险货物运输。

【检查方法】

资料审查

查阅《道路运输证》《机动车行驶证》，核查车辆的选型是否符合上述要求。

第二节　车辆安全设施设备

第 30 条　车辆标志

按照《机动车运行安全技术条件》（GB 7258—2012）的要求，在车辆后部和侧面粘贴红、白相间的反光标识。

按照《道路运输危险货物车辆标志》（GB 13392—2005）的要求，配置和悬挂标志灯（牌）。

按照《道路运输液体危险货物罐式车辆第一部分：金属常压罐体技术要求》（GB 18564.1—2006）和《道路运输液体危险货物罐式车辆第二部分：非金属常压罐体技术要求》（GB 18564.2—2008）的要求，罐体应有一条沿通过罐体中心线的水平面与罐体外表面的交线对称均匀粘贴的环形橙色反光带。两侧后部色带的上方喷涂装运介质的名称。

按照《道路运输爆炸品和剧毒化学品车辆安全技术条件》（GB 20300—2006）的要求，配备符合国家标准的安全告示牌，车辆的后部和两侧应粘贴橙色反光带以标示车辆的轮廓。

【依据】

1）《危险化学品安全管理条例》

第四十七条　危险化学品运输车辆应当悬挂或者喷涂符合国家标准要求的警示标志。

2）《道路危险货物运输管理规定》

第三十四条　专用车辆应当按照国家标准《道路运输危险货物车辆标志》(GB 13392—2005)的要求悬挂标志。

3)《机动车运行安全技术条件》(GB 7258—2012)

8.4　车身反光标识和车辆尾部标志板。

4)《道路运输液体危险货物罐式车辆第一部分:金属常压罐体技术要求》(GB 18564.1—2006)

9.1 标志和 9.2 标识。

5)《道路运输液体危险货物罐式车辆第二部分:非金属常压罐体技术要求》(GB 18564.2—2008)

9.1 标志和 9.2 标识。

【检查方法】

资料审查

(1)查阅《危险货物道路运输车辆外观标志及安全附件检验报告》,是否按照要求配备了标志灯、标志牌和安全告示牌。

(2)查阅标志灯(牌)配备、更新维护、检查记录台账,标志灯更新周期是否不大于 2 年,标志牌更新周期是否不大于 4 年。

(3)查阅是否建立安全告示牌配备、更新维护、检查记录台账。

现场抽查

(1)标志灯的安装位置是否符合要求,驾驶室顶部外表面中前部(从车辆侧面看),中间(从车辆正面看)。

(2)标志牌的安装是否符合要求(车辆前部左侧、尾部右侧各一个)。

(3)安全告示牌安全位置是否符合要求(放大的车辆牌照号左上方)。

(4)标志灯、标志牌、安全告示牌是否完好。

(5)车辆后部和侧面红、白相间的反光标识是否完好。

(6)罐体橙色反光带是否完好。

(7)罐体两侧后部色带的上方是否喷涂装运介质名称。

(8)道路运输爆炸品和剧毒化学品车辆橙色反光带是否完好。

【备注】

安全告示牌的相关要求仅限运输爆炸品和剧毒化学品的罐式货车和货箱为整体封闭结构的厢式货车。

第 31 条　随车配备安全设施设备

按照《道路运输液体危险货物罐式车辆》(GB 18564.1—2006　GB 18564.2—

2008)、《道路运输爆炸品和剧毒化学品车辆安全技术条件》(GB 20300—2006)等标准和化学品安全技术说明书、化学品安全标签有关安全要求配备安全防护、环境保护、消防设施设备和应急救援器材。按照规定对安全设施设备(含应急物资)进行检查、校验、维护,并应有专人保管。

运输剧毒、爆炸、易燃危险货物的车辆排气管安装隔热和熄灭火星装置,配装导静电橡胶拖地带。

栏板车、厢式车的车厢底板平坦完好、栏板牢固;根据不同危险货物,车厢采取相应的衬垫防护措施。

【依据】

1)《道路危险货物运输管理规定》

第八条　申请从事道路危险货物运输经营,应当具备下列条件:(一)有符合下列要求的专用车辆及设备:10. 配备与运输的危险货物性质相适应的安全防护、环境保护和消防设施设备。

第十条　申请从事道路危险货物运输经营的企业,应当向所在地设区的市级道路运输管理机构提出申请,并提交以下材料:(七)相关安全防护、环境保护、消防设施设备的配备情况清单。

第二十三条　设区的市级道路运输管理机构应当定期对专用车辆进行审验,每年审验一次。审验按照《道路货物运输及站场管理规定》进行,并增加以下审验项目:(二)必需的应急处理器材、安全防护设施设备和专用车辆标志的配备情况。

第三十六条　专用车辆应当配备符合有关国家标准以及与所载运的危险货物相适应的应急处理器材和安全防护设备。

2)《汽车运输、装卸危险货物作业规程》(JT 618—2004)

6.2.1　运输易燃液体的罐车应有阻火器和呼吸阀,应配备导除静电装置;排气管应安装熄灭火星装置;罐体内应设置防波挡板,以减少液体震荡产生静电。

3)《汽车运输、装卸危险货物作业规程》(JT 618—2004)

4.2.1.2　运输危险货物车辆的车厢底板应平坦完好、栏板牢固,对于不同的危险货物,应采取相应的衬垫防护措施(如铺垫木板、胶合板、橡胶板等),车厢或罐体内不得有与所装危险货物性质相抵触的残留物。

4)《汽车危险货物运输规则》(JT 617—2004)

9.3　危险货物的库、场或装卸现场,应配备必要的消防设施。库场必须通风良好,清洁干燥,周围应划定禁区,设置明显的警告标志;库场应配备专职人员看管,负责检查、保养、维修工作,并采取严格的安全措施。

【检查方法】

资料审查

(1)查阅安全防护、环境保护、消防设施设备和应急救援器材清单、危险货物道路运输车辆外观标志及安全附件检验报告等,核查车辆是否按要求配备安全防护、环境保护、消防设施设备和应急救援器材。

(2)是否建立安全防护、环境保护、消防设施设备和应急救援器材检查、维护、更新记录台账。

(3)是否有专职人员签名确认。

(4)运输剧毒、爆炸、易燃危险货物的车辆排气管是否安装安装隔热和熄灭火星装置,是否配装导静电橡胶拖地带。

现场抽查

(1)安全防护、环境保护、消防设施设备和应急救援器材是否完好、有效。

(2)运输剧毒、爆炸、易燃危险货物的车辆排气管是否安装安装隔热和熄灭火星装置,是否配装导静电橡胶拖地带。

(3)车辆是否车厢底板平坦完好、栏板牢固并采取了相应的衬垫防护措施。

第三节　车辆检测与维护

第32条　技术等级评定

车辆按照《营运车辆技术等级划分和评定要求》(JT/T 198—2004),每年按时到有资质的合法检测机构参加车辆技术等级评定,危险货物运输车辆技术状况必须达到一级技术要求。

【依据】

1)《道路危险货物运输管理规定》

第八条　2.专用车辆技术性能符合国家标准《营运车辆综合性能要求和检验方法》(GB 18565—2001)的要求;技术等级达到行业标准《营运车辆技术等级划分和评定要求》(JT/T 198—2004)规定的一级技术等级。

2)《道路货物运输及站场管理规定》

第二十条　道路货物运输经营者应当定期进行货运车辆检测,车辆检测结合车辆定期审验的频率一并进行。道路货物运输经营者在规定时间内，到符合国家相关标准的机动车综合性能检测机构进行检测。机动车综合性能检测机构按照国家标准《营运车辆综合性能要求和检验方法》(GB 18565—2001)和《道路车辆外廓尺寸、轴荷及质量限值》(GB 1589—2004)的规定进行检测，出具全国统一式样的检测报告。并依据检测结果，对照行业标准《营运车辆技术等级划分和评定要求》(JT/T 198—2004)评定车辆技术等级。货运车辆技术等级分为一级、二级和三级。车籍所在地县级以上道路运输管理机构应当将车辆技术等级在《道路运输证》上标明。

【检查方法】

资料审查

《道路运输证》与技术等级证明是否相符，技术等级为一级。

第33条　二级维护

按照要求进行车辆二级维护，并有有效的二级维护竣工出厂合格证。

【依据】

《道路货物运输及站场管理规定》

第十九条　道路货物运输经营者应当建立车辆技术管理制度，按照国家规定的技术规范对货运车辆进行定期维护，确保货运车辆技术状况良好。

【检查方法】

资料审查

查阅车辆档案，核查：

(1)是否有二级维护检测报告。

(2)是否有二级维护竣工出厂合格证。

第34条　车辆检查及隐患处理

车辆日常检查有对应的车辆检查表，每次车辆检查记录齐全、真实，有相关责任人的签字。

有车辆故障及隐患的处理措施及记录。

【依据】

《汽车运输、装卸危险货物作业规程》

4.2.1.1　运输危险货物车辆的有关证件、标志应齐全有效，技术状况应为良好，并按照有关规定对车辆安全技术状况进行严格检查，发现故障应立即排除。

4.2.1.3　检查运输危险货物的车辆配备的消防器材,发现问题应立即更换或修理。

【检查方法】

资料审查

查阅“日常车辆检查台账”等,核查:

(1)是否有“车辆检查表”。

(2)记录是否齐全、真实。

(3)是否由检查人签字。

(4)是否有车辆故障及隐患的处理措施及记录。

第35条　车辆及工、属具清洗

运输结束后被危险货物污染过的车辆及工、属具,应到具备条件的地点进行清洗、消毒处理,并与有经环保部门认可的清洗单位签订的清洗合同。

【依据】

《道路危险货物运输管理规定》

第二十九条　道路危险货物运输企业或者单位应当到具有污染物处理能力的机构对常压罐体进行清洗(置换)作业,将废气、污水等污染物集中收集,消除污染,不得随意排放,污染环境。

【检查方法】

资料审查

是否与有一定清洗条件的企业签订的车辆清洗合同。

第四节　停车场与设施设备管理

第36条　停车场设置

企业应在注册地所在市级行政区域内设立停车场地;应有有效产权证或租赁合同。

【依据】

《道路危险货物运输管理规定》

第八条　(二)有符合下列要求的停车场地:1. 自有或者租借期限为3年以

上,且与经营范围、规模相适应的停车场地,停车场地应当位于企业注册地市级行政区域内。

【检查方法】

资料审查

是否有产权证或者3年以上的租赁合同或相关证明。

现场查勘

是否在企业注册地所在市级行政区域内。

第37条 停车场面积

运输剧毒化学品、爆炸品专用车辆以及罐式专用车辆,数量为20辆(含)以下的,停车场地面积不低于车辆正投影面积的1.5倍,数量为20辆以上的,超过部分,每辆车的停车场地面积不低于车辆正投影面积;运输其他危险货物的,专用车辆数量为10辆(含)以下的,停车场地面积不低于车辆正投影面积的1.5倍;数量为10辆以上的,超过部分,每辆车的停车场面积不低于车辆正投影面积。

【依据】

《道路危险货物运输管理规定》

第八条 (二)有符合下列要求的停车场地:2.运输剧毒化学品、爆炸品专用车辆以及罐式专用车辆,数量为20辆(含)以下的,停车场地面积不低于车辆正投影面积的1.5倍,数量为20辆以上的,超过部分,每辆车的停车场地面积不低于车辆正投影面积;运输其他危险货物的,专用车辆数量为10辆(含)以下的,停车场地面积不低于车辆正投影面积的1.5倍;数量为10辆以上的,超过部分,每辆车的停车场地面积不低于车辆正投影面积。

【检查方法】

资料审查

查阅标注场地尺寸的停车场地平面图,按照车辆数核算停车场面积,核查是否符合要求。

现场查勘

核查停车场面积是否满足要求。

第38条 停车场标志

停车场地应当封闭并设立明显标志,其设置应当符合安全管理规定。

运输剧毒、爆炸品的专用车辆应有与其他设备、车辆、人员隔离的专用停车区域,并设立明显的警示标志。

【依据】

《道路危险货物运输管理规定》

第八条 (二)有符合下列要求的停车场地:3.停车场地应当封闭并设立明显标志,不得妨碍居民生活和威胁公共安全。

第三十五条 运输剧毒化学品、爆炸品的企业或者单位,应当配备专用停车区域,并设立明显的警示标牌。

【检查方法】

资料审查

查阅停车场地照片,是否封闭并设立明显标志。

现场查勘

(1)封闭隔离设施是否符合要求。

(2)是否安装、悬挂、张贴醒目、清晰的警示标志。

(3)运输剧毒、爆炸品的专用车辆是否有专用停车区域。

第39条 停车场安全防护、消防设施设备

按《道路危险货物运输管理规定》要求配备相应的消防设施,并定期进行检查,确保其有效,有检查和更新记录。

【依据】

《道路危险货物运输管理规定》

第八条 申请从事道路危险货物运输经营,应当具备下列条件:(一)有符合下列要求的专用车辆及设备:10.配备与运输的危险货物性质相适应的安全防护、环境保护和消防设施设备。

【检查方法】

资料审查

查阅相关安全防护、环境保护、消防设施设备的配备情况清单,核查:

(1)是否按规定配置符合要求的消防设施设备。

(2)是否建立停车场地的消防设施定期检查、维护、更新台账。

现场查勘

(1)停车场地是否按规定配置符合要求的消防设施设备。

(2)消防设施设备是否挂牌并有定期检查记录。

第五节 劳动防护与装卸机械及工具

第40条 劳动防护用品

依据劳动防护用品管理规定,结合危险货物特性,为从业人员配备个人防护设备。

按照规定对个人防护用品进行检查、维护,确保其完好、有效。

【依据】

1)《中华人民共和国安全生产法》

第四十二条 生产经营单位必须为从业人员提供符合国家标准或者行业标准的劳动防护用品,并监督、教育从业人员按照使用规则佩戴、使用。

2)《汽车运输危险货物规则》(JT/T 617—2004)

10.1 运输、装卸危险货物的单位,必须配备必要的劳动防护用品和现场急救用品。特殊的防护用品和急救用具应由托运人提供。

【检查方法】

资料审查

是否建立"个人防护设备领用发放记录台账"。

现场抽查

在岗员工是否正确穿戴、使用齐全、完好、有效的劳动防护用品。

第41条 职业健康检查

危险货物运输企业应按照规定对驾驶员、押运员进行职业健康检查,有相应记录资料。

【依据】

《汽车运输危险货物规则》(JT/T 617—2004)

10.3 承运危险货物运输的专业单位,应配备或指定医务人员负责对装运现场人员定期进行保健检查,并进行预防急救知识的培训教育工作。

【检查方法】

资料审查

是否有"企业职业健康管理台账或记录"。

第42条 特种设备校验、检修

企业按照规定对在用特种设备的安全附件、安全保护装置、测量调控装置及有关附属仪器仪表进行定期校验、检修。

【依据】

《中华人民共和国特种设备安全法》

第三十九条　特种设备使用单位应当对其使用的特种设备进行经常性维护保养和定期自行检查,并作出记录。

特种设备使用单位应当对其使用的特种设备的安全附件、安全保护装置进行定期校验、检修,并作出记录。

【检查方法】

资料审查

核查是否有定期校验、检修记录。

现场抽查

现场查看相关设备是否挂牌且在有效期内。

【备注】

无特种设备则不进行检查。

第43条　装卸机械和工具

装卸爆炸品、有机过氧化物、剧毒品时,装卸机具的最大装载量应小于其额定负荷的75%。

装卸易燃易爆危险化学品的机械和工具,必须有消除产生火花的措施。

按照相关规定对装卸机械、工具实施专人保管,按照规定定期对装卸机械、工具进行检查、校验、维护。

【依据】

《汽车运输、装卸危险货物作业规程》(JT 618—2004)

4.2.3.7　装卸危险货物的托盘、手推车应尽量专用。装卸前,要对装卸机具进行检查。装卸爆炸品、有机过氧化物、剧毒品时,装卸机具的最大装载量应小于其额定负荷的75%。

5.1.3.1　严禁接触明火和高温;严禁使用会产生火花的工具、机具。

【检查方法】

资料审查

查阅装卸机械、工具管理台账,核查:

(1)是否有专职管理人员签字。

(2)是否按照规定定期对装卸机械、工具进行检查、校验、维护。

现场抽查

(1)各种装卸机械、工具的最大装载量是否小于其额定负荷的75%。

(2)装卸易燃易爆危险化学品的机械和工具,是否有消除产生火花的措施。

【备注】

无装卸机械和工作则不进行检查。

第五章　运输过程监管与应急处置

第一节　承运受理与操作规程

第44条　承运受理

托运人应如实填写运单各项内容,并应提交与托运的危险货物一致的安全技术说明书。

托运未列入《危险货物品名表》(GB 12268—2012)的危险货物时,应提交与托运的危险货物一致的安全技术说明书和危险货物鉴定表。

使用集装箱装运危险货物的,托运人应提交危险货物装箱清单。

托运凭证运输的危险货物,托运人应提交相关证明文件,并在运单上注明。

货物交付时,双方应做到点收、点交,承运人查验合格后在运单上签字。

【依据】

《汽车运输危险货物规则》(征求意见稿)

5.1.1.8　货物交付时,双方应做到点收、点交,承运人查验合格后在运单上签字。

5.1.3.1　托运人应如实填写运单各项内容,运单基本内容见附录A,并应提交与托运的危险货物一致的安全技术说明书。

5.1.3.2　托运未列入《危险货物品名表》(GB 12268—2012)的危险货物时,应提交与托运的危险货物一致的安全技术说明书和危险货物鉴定表,危险货物鉴定表见附录B。

5.1.3.3　使用集装箱装运危险货物的,托运人应提交危险货物装箱清单。

5.1.3.4　托运凭证运输的危险货物,托运人应提交相关证明文件,并在运单上注明。

【检查方法】

资料审查

(1)托运人是否如实填写运单各项内容。

(2)托运人是否提交与托运的危险货物一致的安全技术说明书。

(3)托运未列入《危险货物品名表》(GB 12268—2012)的危险货物时,托运人是否提交与托运的危险货物一致的危险货物鉴定表。

(4)使用集装箱装运危险货物的,托运人是否提交危险货物装箱清单。

(5)托运凭证运输的危险货物,是否有托运凭证。

(6)托运凭证运输的危险货物,运单上是否注明。

(7)承运人是否在运单上签字。

第45条 驾驶人员安全生产操作规程

企业应按照相关法律、法规、规章和标准制定驾驶人员安全生产操作规程,规程内容应包括出车前、运输中及运输过程结束后的操作要求。

【依据】

《危险货物道路运输企业安全生产管理制度编写要求》(JT/T 912—2014)

A.2 驾驶人员安全生产操作规程

A.2.1 驾驶人员安全生产操作规程,应符合 JT 618—2004 的规定;且包括出车前、运输中及运输过程结束后的操作要求。

A.2.2 出车前检查操作要求,至少应包括下列内容:

a) 必备的证件和文件;

b) 车辆技术状况;

c) 车辆标志标牌;

d) 安全设施设备及消防器材;

e) 劳动防护用品;

f) 货物捆扎及防散失装备。

A.2.3 运输中的操作要求,至少应包括下列内容:

a) 车辆行驶过程中要求,应包括遵守道路交通规则、按规定线路和限速行驶、车辆停放区域、中途住宿、严禁搭乘无关人员,以及其他安全驾驶注意事项等;

b) 行车中安全检查操作要求,应包括运输车辆的车况及货物状况检查等;

c) 突发事件及事故报告操作要求,应包括突发事件处理、事故报告及现场保护与救援等,应与应急救援预案及事故报告统计处理制度要求衔接。

A.2.4 运输过程结束后操作要求,至少应包括下列内容:

a） 车辆收车后的技术检查；

b） 车辆清洗消毒；

c） 相关证件及文件交接；

d） 车辆及劳动防护用品交接；

e） 行车过程汇报等。

【检查方法】

资料审查

企业是否有符合要求的驾驶人员安全生产操作规程。

交谈与询问

与驾驶人员进行交谈，确定其是否了解操作规程。

第46条 押运人员安全操作规程

企业应依据相关法律、法规、规章和标准制定押运人员安全生产操作规程，规程内容应包括监督和检查装卸作业、出车前、运输中及运输过程结束后的操作要求。

【依据】

《危险货物道路运输企业安全生产管理制度编写要求》（JT/T 912—2014）

A.3 押运人员安全生产操作规程

A.3.1 押运人员安全生产操作规程，应符合 JT 618—2004 的规定；且包括监督和检查装卸作业、出车前、运输中及运输过程结束后的操作要求。

A.3.2 监督和检查装卸作业过程，至少应包括下列内容：

a） 监督驾驶人员驶入或停放在装卸作业区的操作要求；

b） 监督装卸作业前的货物核对、相关文件审查及交接手续等；

c） 监督装卸、堆放作业按规定要求进行。

A.3.3 出车前检查操作要求，至少应包括下列内容：

a） 掌握本次运输任务要求；

b） 危险货物的性质和危害特性以及突发事件时的处置措施等知识；

c） 领取劳动防护用品；

d） 协助驾驶人员做好出车前的证件和文件、车辆技术状况、标志标牌、安全设施设备、货物捆扎及防散失装备等的检查工作。

A.3.4 运输中的操作要求，至少应包括下列内容：

a） 监督驾驶人员的行车操作，应包括遵守道路交通规则、按规定线路和限速行驶、车辆停放区域、中途食宿、严禁搭乘无关人员及其他安全驾驶注意事项等监督和纠正；

b） 行车中监管操作要求，应包括货物监管、检查，协助驾驶人员做好车况检查等；

c） 突发事件及事故报告操作要求，应协助驾驶人员做好包括突发事件紧急处置、事故报告及现场保护与救援等。

A.3.5 运输过程结束后操作要求，至少应包括下列内容：

a） 运输作业过程相关情况的汇报；

b） 协助相关证件及文件、劳动防护用品的交接等。

【检查方法】

资料审查

企业是否有符合要求的押运人员安全生产操作规程。

交谈与询问

与押运人员进行交谈，确定其是否了解操作规程。

第 47 条 装卸管理人员安全操作规程

企业应按照相关法律、法规、规章和标准制定装卸管理人员安全生产操作规程，规程内容应包括装卸前的要求、装卸中要求、装卸后要求等。装卸管理人员应按照操作规程进行操作。

【依据】

《危险货物道路运输企业安全生产管理制度编写要求》（JT/T 912—2014）

A.4 装卸管理人员安全生产操作规程

A.4.1 装卸管理人员安全生产操作规程，应符合 JT 618—2004 的规定；且包括装运前、装卸过程中及装卸后的操作要求。

A.4.2 装运前的操作要求，至少应包括下列内容：

a） 本次装卸任务及要求；

b） 掌握危险货物性质、危害特性以及应急处置措施等知识；

c） 运输相关证件及资料检查；

d） 装卸作业场所的安全检查；

e） 装卸机具设备的技术状况及其操作方法要求；

f） 车辆和罐体状况及匹配；

g） 标志标牌状况；

h) 安全设施设备；

i) 货物捆扎及防散失装备等检查。

A.4.3 装卸过程的操作要求，至少应包括下列内容：

a) 装载、堆放、配装、捆扎作业及安全防护应符合国家相关要求；

b) 突发事件处置及事故报告操作要求，应包括突发事件处置、事故报告及现场保护与救援等。

A.4.4 装卸后操作要求，至少应包括下列内容：

a) 作业现场处理；

b) 作业过程相关情况的汇报；

c) 相关证件及文件的交接；

d) 装卸机具清洗等。

【检查方法】

资料审查

企业是否有符合要求的装卸管理人员安全生产操作规程。

交谈与询问

与装卸管理人员进行交谈，确定其是否了解操作规程。

第二节 运输过程监控

第48条 动态监控管理相关制度

道路运输企业应当建立健全动态监控管理相关制度，规范动态监控工作：（一）系统平台的建设、维护及管理制度；（二）车载终端安装、使用及维护制度；（三）监控人员岗位职责及管理制度；（四）交通违法动态信息处理和统计分析制度；（五）其他需要建立的制度。

【依据】

1）《道路运输车辆动态监督管理办法》

第二十四条 道路运输企业应当建立健全动态监控管理相关制度，规范动态监控工作：（一）系统平台的建设、维护及管理制度；（二）车载终端安装、使用及维护制度；（三）监控人员岗位职责及管理制度；（四）交通违法动态信息处理和统计分析制度；（五）其他需要建立的制度。

2)《全国重点营运车辆联网联控系统考核管理办法》

第六条　对道路运输企业考核内容包括:(一)制度建设情况,包括:本企业监控平台的建设、使用和管理工作,监控平台运行维护管理与考核办法;卫星定位装置的安装、使用及维护制度;监控人员岗位职责及管理制度;交通违法动态信息处理和统计分析制度;突发事件应急处理制度等;(二)监控人员的配备情况,包括:人员配备数量情况,人员教育培训情况,工作岗位职责和工作流程的执行情况;(三)车辆实时监控情况,包括车辆入网率、车辆上线率、车辆在线时长率、超速车辆率、超速车辆处理率、疲劳驾驶车辆率、疲劳驾驶车辆处理率;(四)监控平台运行情况,包括:平台断线率、数据不合格率、平台查岗响应率;(五)车辆数据保存情况,违法驾驶及处理信息存档情况(其中动态监控数据应当至少保存6个月,违法驾驶信息及处理情况应当至少保存3年)。

【检查方法】

资料审查

是否建立并执行以下动态监控管理相关制度:

(1)监控平台运行维护管理与考核办法。

(2)卫星定位装置的安装、使用及维护制度。

(3)监控人员岗位职责及管理制度。

(4)交通违法动态信息处理和统计分析制度。

(5)应急突发事件处理制度。

第49条　道路运输车辆卫星定位系统平台

道路运输车辆卫星定位系统平台应当符合以下标准要求:(一)《道路运输车辆卫星定位系统平台技术要求》(JT/T 796—2011);(二)《道路运输车辆卫星定位系统终端通讯协议及数据格式》(JT/T 808—2011);(三)《道路运输车辆卫星定位系统平台数据交换》(JT/T 809—2011)。

车辆入网率、平台断线率等应满足《全国重点营运车辆联网联控系统考核管理办法》要求。

【依据】

1)《道路运输车辆动态监督管理办法》

第六条　道路运输车辆卫星定位系统平台应当符合以下标准要求:

(一)《道路运输车辆卫星定位系统平台技术要求》(JT/T 796—2011);(二)《道路运输车辆卫星定位系统终端通讯协议及数据格式》(JT/T 808—

2011);(三)《道路运输车辆卫星定位系统平台数据交换》(JT/T 809—2011)。

2)《全国重点营运车辆联网联控系统考核管理办法》第六条

【检查方法】

资料审查

(1)是否有通过系统平台标准符合性技术审查的证明材料。

(2)月度车辆实时监控情况平均值是否满足要求。

(3)月度平台运行情况平均值是否满足要求。

【备注】

各省级道路运输管理机构根据本省实际情况设定月度车辆实时监控情况平均值和月度平台运行情况平均值最低限值。

第50条　专职监控工作人员

企业应配备专职工作人员实施监控,专职人员经企业培训、考试合格后上岗。专职监控人员配置原则上按照监控平台每接入100辆车设1人的标准配备,最低不少于2人。

【依据】

1)《道路运输车辆动态监督管理办法》

第二十二条　道路旅客运输企业、道路危险货物运输企业和拥有50辆及以上重型载货汽车或牵引车的道路货物运输企业应当配备专职监控人员。专职监控人员配置原则上按照监控平台每接入100辆车设1人的标准配备,最低不少于2人。

监控人员应当掌握国家相关法规和政策,经运输企业培训、考试合格后上岗。

2)《全国重点营运车辆联网联控系统考核管理办法》第六条

【检查方法】

资料审查

(1)查阅任职证明文件,核查专职监控人员数量是否满足要求。

(2)是否有专职监控人员培训、考试合格记录。

现场检查

是否有专职工作人员在岗。

第51条　监控数据

监控人员应当实时分析、处理车辆行驶动态信息,及时提醒驾驶员纠正超速行驶、疲劳驾驶等违法行为，并记录存档至动态监控台账；对经提醒仍然继续违法驾驶的驾驶员，应当及时向企业安全管理机构报告，安全管理机构应当立即采取措施制止；对拒不执行制止措施仍然继续违法驾驶的，道路运输企业应当及时报告公安机关交通管理部门，并在事后解聘驾驶员。

动态监控数据应当至少保存 6 个月，违法驾驶信息及处理情况应当至少保存 3 年。对存在交通违法信息的驾驶员，道路运输企业在事后应当及时给予处理。

【依据】

1)《道路运输车辆动态监督管理办法》

第二十六条　监控人员应当实时分析、处理车辆行驶动态信息，及时提醒驾驶员纠正超速行驶、疲劳驾驶等违法行为，并记录存档至动态监控台账；对经提醒仍然继续违法驾驶的驾驶员，应当及时向企业安全管理机构报告，安全管理机构应当立即采取措施制止；对拒不执行制止措施仍然继续违法驾驶的，道路运输企业应当及时报告公安机关交通管理部门，并在事后解聘驾驶员。

动态监控数据应当至少保存 6 个月，违法驾驶信息及处理情况应当至少保存 3 年。对存在交通违法信息的驾驶员，道路运输企业在事后应当及时给予处理。

2)《全国重点营运车辆联网联控系统考核管理办法》第六条

【检查方法】

资料审查

(1) 监控人员是否按照岗位职责和工作流程的要求执行。

(2) 动态监控数据是否至少保存 6 个月。

(3) 违法驾驶信息及处理情况是否至少保存 3 年。

现场抽查

查看平台历史数据，是否及时提醒纠正超速行驶、疲劳驾驶等违法驾驶行为。

第三节　应急处置与事故处理

第 52 条　运输事故应急预案

企业应制定适用于本企业的应急预案，预案应符合《危险货物道路运输企业运输事故应急预案编制要求》(JT/T 911—2014)和相关法律、法规、规章及标准的要求。

【依据】

1)中华人民共和国道路运输条例

第三十一条　客运经营者、货运经营者应当制定有关交通事故、自然灾害以及其他突发事件的道路运输应急预案。应急预案应当包括报告程序、应急指挥、应急车辆和设备的储备以及处置措施等内容。

2)《道路危险货物运输管理规定》

第四十九条　道路危险货物运输企业或者单位应当加强安全生产管理,制定突发事件应急预案,配备应急救援人员和必要的应急救援器材、设备,并定期组织应急救援演练,严格落实各项安全制度。

3)《危险货物道路运输企业应急预案编制要求》(JT/T 911—2014)

【检查方法】

资料审查

(1)企业是否编制危险货物道路运输企业应急预案。

(2)预案内容是否至少包括:企业概况、应急救援组织设置、事故及其灾害后果预测、驾驶人员和押运人员应急处置、企业应急处置、信息发布、后期处置、应急保障、应急培训和演练等。

第53条　应急培训

预案中应急培训至少应明确培训对象、培训内容、培训方式、培训频率和时间。

按照预案开展应急培训,有相关记录。

【依据】

1)《安全生产事故应急预案管理办法》

第二十四条　各级安全生产监督管理部门应当将应急预案的培训纳入安全生产培训工作计划,并组织实施本行政区域内重点生产经营单位的应急预案培训工作。

生产经营单位应当组织开展本单位的应急预案培训活动,使有关人员了解应急预案内容,熟悉应急职责、应急程序和岗位应急处置方案。

应急预案的要点和程序应当张贴在应急地点和应急指挥场所,并设有明显的标志。

2)《危险货物道路运输企业应急预案编制要求》(JT/T 911—2014)

4.9.1 应急培训,至少应明确以下内容:

a) 培训对象;

b) 培训内容;

c) 培训方式;

d) 培训频率和时间。

【检查方法】

资料审查

(1)预案中应急培训是否应明确了培训对象、培训内容、培训方式、培训频率和时间。

(2)是否有应急预案培训和宣传活动记录。

第54条 应急演练

企业应制定应急预案演练计划,至少应明确演练目标、内容、规模、参加演练的部门及人员、演练频次、评估、总结等。

按照预案组织应急演练(每年应至少一次),演练结束后对效果进行评审,撰写评估报告。

【依据】

1)《安全生产事故应急预案管理办法》

第二十六条 生产经营单位应当制定本单位的应急预案演练计划,根据本单位的事故预防重点,每年至少组织一次综合应急预案演练或者专项应急预案演练,每半年至少组织一次现场处置方案演练。

2)《危险货物道路运输企业应急预案编制要求》(JT/T 911—2014)

4.9.2 应急演练,至少应明确以下内容:

a) 演练目标、内容、规模;

b) 参加演练的部门及人员;

c) 演练频次;

d) 评估、总结。

【检查方法】

资料审查

(1)是否制定了应急预案演练计划。

(2)计划内容是否包括演练目标、内容、规模、参加演练的部门及人员、演练频次、评估、总结等。

(3)应急预案演练记录是否包括:应急预案演练实施方案、演练照片、签到和演练总结等。

第55条　运输事故处置

在危险货物运输过程中发生燃烧、爆炸、污染、中毒或者被盗、丢失、流散、泄漏等事故,驾驶人员、押运人员应当立即根据应急预案和《道路运输危险货物安全卡》的要求采取应急处置措施,并向事故发生地公安部门、交通运输主管部门和本运输企业或者单位报告。运输企业或者单位接到事故报告后,应当按照本单位危险货物应急预案组织救援,并向事故发生地安全生产监督管理部门和环境保护、卫生主管部门报告。

事故报告应包括事故发生单位概况、事故发生时间、地点及现场情况、事故简要经过、事故已造成或可能造成的伤亡人数(包括下落不明、涉险的人数)、已经采取的措施等内容。

【依据】

1)《危险化学品安全管理条例》

第五十一条　剧毒化学品、易制爆危险化学品在道路运输途中丢失、被盗、被抢或者出现流散、泄漏等情况的,驾驶人员、押运人员应当立即采取相应的警示措施和安全措施,并向当地公安机关报告。公安机关接到报告后,应当根据实际情况立即向安全生产监督管理部门、环境保护主管部门、卫生主管部门通报。有关部门应当采取必要的应急处置措施。

第七十一条　发生危险化学品事故,事故单位主要负责人应当立即按照本单位危险化学品应急预案组织救援,并向当地安全生产监督管理部门和环境保护、公安、卫生主管部门报告;道路运输、水路运输过程中发生危险化学品事故的,驾驶人员、船员或者押运人员还应当向事故发生地交通运输主管部门报告。

2)《中华人民共和国道路运输条例》

第三十二条　发生交通事故、自然灾害以及其他突发事件,客运经营者和货运经营者应当服从县级以上人民政府或者有关部门的统一调度、指挥。

3)《道路危险货物运输管理规定》

第五十一条　在危险货物运输过程中发生燃烧、爆炸、污染、中毒或者被盗、丢失、流散、泄漏等事故,驾驶人员、押运人员应当立即根据应急预案和《道路运输危险货物安全卡》的要求采取应急处置措施,并向事故发生地公安部门、交通运输主管部门和本运输企业或者单位报告。运输企业或者单位接到事故报告后,应当按照本单位危险货物应急预案组织救援,并向事故发生地安全生产监督管理部门和环境保护、卫生主管部门报告。

4)《道路运输从业人员管理规定》

第四十五条　在道路危险货物运输过程中发生燃烧、爆炸、污染、中毒或者被盗、丢失、流散、泄漏等事故,道路危险货物运输驾驶员、押运人员应当立即向当地公安部门和所在运输企业或者单位报告,说明事故情况、危险货物品名和特性,并采取一切可能的警示措施和应急措施,积极配合有关部门进行处置。

5)《生产安全事故报告和调查处理条例》

第十二条　报告事故应当包括下列内容:(一)事故发生单位概况;(二)事故发生的时间、地点以及事故现场情况;(三)事故的简要经过;(四)事故已经造成或者可能造成的伤亡人数(包括下落不明的人数)和初步估计的直接经济损失;(五)已经采取的措施;(六)其他应当报告的情况。

6)《危险货物道路运输企业安全生产管理制度编写要求》(JT/T 912—2014)

5.10.2　安全事故报告,至少应包括下列基本内容:

a)　事故发生单位概况;

b)　事故发生时间、地点及现场情况;

c)　事故简要经过;

d)　事故已造成或可能造成的伤亡人数(包括下落不明、涉险的人数);

e)　已经采取的措施;

f)　其他应当报告的情况。

【检查方法】

资料审查

(1)是否有事故报告的记录。

(2)是否有应急处置的记录。

(3)事故报告是否至少包括事故发生单位概况、事故发生时间、地点及现场情况、事故简要经过、事故已造成或可能造成的伤亡人数(包括下落不明、涉险的人数)、已经采取的措施等内容。

交谈与询问

(1)驾驶人员、押运人员是否了解事故报告内容。

(2)企业管理人员是否了解事故报告内容。

第 56 条　运输事故调查处理

事故调查处理应按照“四不放过”（事故原因未查明不放过、责任人未处理不放过、整改措施未落实不放过、有关人员未受到教育不放过）的原则进行处理。

【依据】

国务院办公厅关于加强安全工作的紧急通知（国办发明电〔2004〕7 号）

对责任不落实，发生重特大事故的，要严格按照事故原因未查清不放过、责任人员未处理不放过、整改措施未落实不放过、有关人员未受到教育不放过的“四不放过”原则和《国务院关于特大安全事故行政责任追究的规定》（国务院令第 302 号），严肃追究有关领导和责任人的责任。

【检查方法】

资料审查

（1）是否有事故处理的记录。

（2）事故处理是否符合“四不放过”原则。

交谈与询问

企业管理人员是否了解“四不放过”原则。

第 57 条　运输事故总结

企业应在有关部门事故处理决定书送达后，写出事故处理的总结报告和整改措施。

【依据】

《生产安全事故报告和调查处理条例》

第三十三条　事故发生单位应当认真吸取事故教训，落实防范和整改措施，防止事故再次发生。防范和整改措施的落实情况应当接受工会和职工的监督。安全生产监督管理部门和负有安全生产监督管理职责的有关部门应当对事故发生单位落实防范和整改措施的情况进行监督检查。

【检查方法】

资料审查

是否有总结报告和整改措施记录。

第 58 条　运输事故统计

按照相关规定，准确、及时地填报安全生产责任事故统计报表，不得隐瞒不报、谎报、拖延不报。

【依据】

《危险货物道路运输企业安全生产管理制度编写要求》(JT/T 912—2014)

5.10.5 事故统计分析,应明确统计和分析的内容、统计时限、统计分析结果等。

【检查方法】

资料审查

是否有事故统计报表。

【备注】

如无事故发生,则第55~58条资料审查部分不进行检查,交流与询问部分按要求进行检查。

第四节 安全生产监督检查

第59条 安全生产监督检查内容

安全生产监督检查的内容应包括:

a) 安全生产管理机构设置;

b) 各工作岗位职责落实;

c) 安全培训教育情况;

d) 车辆及设备设施安全技术状况;

e) 从业人员操作规程执行情况;

f) 事故隐患整改及应急预案演练;

g) 安全生产台账、档案保存;

h) 安全生产其他内容。

【依据】

《危险货物道路运输企业安全生产管理制度编写要求》(JT/T 912—2014)

5.2.2 企业安全生产监督检查的内容包括:

a) 安全生产管理机构设置;

b) 各工作岗位职责落实;

c) 安全培训教育情况;

d) 车辆及设备设施安全技术状况;

e) 从业人员操作规程执行情况；

f) 事故隐患整改及应急预案演练；

g) 安全生产台账、档案保存；

h) 安全生产其他内容。

【检查方法】

资料审查

查阅安全生产监督检查档案，核查安全生产监督检查的内容是否满足要求。

交谈与询问

企业管理人员是否了解安全生产监督检查的内容。

第60条 安全生产监督检查档案

安全生产监督检查档案或台账的记录要求应符合：检查日期、检查部位或场所、发现隐患的数量、类别和具体情况、整改措施或完成整改时间、检查现场照片、负责实施部门或人员及签名等。

【依据】

《危险货物道路运输企业安全生产管理制度编写要求》(JT/T 912—2014)

5.2.4 安全生产监督检查档案或台账的记录要求，至少应包括：

a) 检查日期；

b) 检查部位或场所；

c) 发现隐患的数量、类别和具体情况；

d) 整改措施和完成整改时间；

e) 检查现场照片；

f) 负责实施部门或人员及签名等。

【检查方法】

资料审查

安全生产监督检查档案是否满足要求。

危险货物道路运输企业安全检查—资料审查简表　　附表1

条目	名　称	实 施 细 则	合　格(√) 不合格(×)	备注
1	企业经营范围	(1)《企业法人营业执照》是否在有效期内。 (2)《道路运输经营许可证》是否在有效期内。 (3)《道路运输证》是否在有效期内。 (4)《道路运输经营许可证》与《道路运输证》的经营范围是否相一致。 (5)查看运单或行车日志,是否超越《道路运输经营许可证》《道路运输证》经营范围	(　) (　) (　) (　) (　)	
2	企业变更备案	(1)《组织机构代码证》是否在有效期内。 (2)《税务登记证》是否在有效期内。 (3)《企业法人营业执照》《组织机构代码证》《税务登记证》以及《道路运输经营许可证》的法定代表人、名称、地址等工商登记事项是否相一致	(　) (　) (　)	
3	专职安全管理人员从业资格	查阅专职安全管理人员档案,核查是否满足下列条件之一: (1)取得从业资格证,且在有效期内。 (2)有符合“危险货物道路运输专职安全管理人员管理办法”工作资历证明	(　) (　)	
4	专职安全管理人员配备人数	(1)是否有聘书或任命书等证明文件。 (2)专职安全管理人员是否与企业车辆数相匹配	(　) (　)	
5	驾驶人员、押运人员和装卸管理人员从业资格	(1)是否全部取得从业资格证且在有效期内。 (2)从业人员资格证是否加盖现单位公章。 (3)从事剧毒化学品、爆炸品道路运输的从业资格证是否注明为剧毒化学品或者爆炸品	(　) (　) (　)	
6	驾驶员驾驶证	查阅“驾驶人员档案”,核查: (1)驾驶员是否取得相应机动车驾驶证。 (2)驾驶员年龄是否不超过60周岁	(　) (　)	
7	驾驶人员、押运人员配备人数	(1)是否达到至少一车一驾驶人员。 (2)是否达到至少一车一押运人员。 (3)是否与运管部门从业人员信息管理系统信息一致	(　) (　) (　)	

续上表

条目	名　　称	实 施 细 则	合　格(√) 不合格(×)	备注
8	安全生产决策机构	(1)是否有“安全生产决策机构设置”文件。 (2)是否有“安全生产决策机构人员组成及变更情况”文件。 (3)安全生产决策机构组成人员是否符合要求	(　) (　) (　)	
9	安全生产管理部门	查阅是否有“安全生产管理部门设置”文件	(　)	
10	应急救援组织	(1)是否有“应急救援组织”设置文件。 (2)应急救援组织是否包括应急领导组、技术指导组和现场工作组。 (3)应急救援组织组长是否由法人担任	(　) (　) (　)	
11	安全生产责任制度	(1)是否有安全生产责任制度文件。 (2)企业安全生产责任制度内容是否符合要求	(　) (　)	
12	安全生产岗位职责	(1)是否和各岗位责任人签订《安全生产目标责任书》。 (2)各岗位责任书内容是否与企业责任制度文本内容相符	(　) (　)	
13	安全生产管理机构职责	(1)是否有“各职能部门安全生产责任”文件或资料。 (2)内容是否符合 JT/T 913—2014 的要求。 (3)是否有向全体员工公示的证明材料	(　) (　) (　)	
14	安全生产管理制度	(1)是否有安全生产监督检查制度。 (2)是否有安全生产教育培训制度。 (3)是否有从业人员安全管理制度。 (4)是否有专用车辆安全管理制度。 (5)是否有安全设施设备(停车场)管理制度。 (6)是否有应急救援预案制度。 (7)是否有安全生产会议制度。 (8)是否有安全生产考核与奖励制度。 (9)是否有安全事故报告统计与处理制度	(　) (　) (　) (　) (　) (　) (　) (　) (　)	
15	安全生产工作会议	查阅安全生产会议记录,核查: (1)安全生产工作会议每季度是否不少于一次。 (2)安全工作例会每月是否不少于一次。 (3)领导小组成员是否参加齐全。 (4)安全生产领导机构工作会议内容是否符合要求。 (5)会议记录是否包括通知、照片、参会人员签名、记录人、主要内容等	(　) (　) (　) (　) (　)	

续上表

条目	名　称	实 施 细 则	合　格(√) 不合格(×)	备注
16	安全生产工作例会	(1)安全工作例会是否每月至少召开一次。 (2)安全生产工作例会内容是否符合要求。 (3)会议记录是否包括通知、照片、参会人员签名、记录人、主要内容等	(　) (　) (　)	
17	安全生产档案内容	(1)企业安全生产档案是否分为企业资质类、人员类、专用车辆类和监督检查类。 (2)档案记录内容是否实事求是,不存在弄虚作假、代签代写等现象	(　) (　)	
18	安全生产档案保管	(1)企业、车辆、人员证件及设备更换等有时效性的信息是否及时更新。 (2)危险货物道路运输车辆监控数据记录保存期限是否达到 3 个月。 (3)危险货物道路运输罐式车辆罐体检查记录保存期限是否达到 2 年。 (4)企业安全生产监督检查记录保存期限是否达到 3 年。 (5)驾驶人员违法驾驶及处理情况记录保存期限是否达到 3 年	(　) (　) (　) (　) (　)	
19	从业人员招聘录用与解聘	(1)是否有从业人员招聘、录用及解聘的管理记录。 (2)是否有“劳动关系合同”。 (3)是否有从业人员内部转岗和退出的记录。 (4)记录是否清晰、完整翔实	(　) (　) (　) (　)	
20	资格证管理	资格证管理程序是否包括申请、审核、办理和备案等	(　)	
21	从业人员培训	(1)是否有“岗前培训记录”。 (2)是否有“日常培训记录”	(　) (　)	
22	培训计划与培训内容	查阅企业安全学习及培训教育记录,核查: (1)是否制定了年度安全培训计划。 (2)是否按照计划进行了培训。 (3)培训内容是否符合要求。 (4)是否有考核时间、试卷、答案、成绩及阅卷人等记录	(　) (　) (　) (　)	
23	违法、违章、违纪情况	查阅从业人员档案,是否有违法、违章、违纪情况记录	(　)	
24	安全生产操作考核与奖惩	(1)考核内容是否满足要求。 (2)考核奖惩记录是否包括考核时间、考核对象、考核人员、考核标准及结果、奖惩措施	(　) (　)	

续上表

条目	名　　称	实施细则	合　格(√) 不合格(×)	备注
25	随车证件	车辆的行驶证、道路运输证是否有效	(　　)	
26	承运人责任险	是否有承运人责任险保险单	(　　)	
27	卫星定位装置和通信工具	是否有具有行驶记录功能的卫星装置安装证明材料	(　　)	
28	罐体要求	(1)查阅车辆管理档案,是否有罐体检测合格证。 (2)查阅罐体出厂检查报告或紧急切断装置改装合格证,是否安装紧急切断装置	(　　) (　　)	
29	车辆的选型要求	查阅《道路运输证》、《机动车行驶证》,核查车辆的选型是否符合上述要求	(　　)	
30	车辆标志	(1)查阅车辆档案,是否按照要求配备了标志灯、标志牌和安全告示牌。 (2)查阅标志灯(牌)配备、更新维护、检查记录台账,标志灯更新周期是否不大于2年,标志牌更新周期是否不大于4年。 (3)查阅是否建立安全告示牌配备、更新维护、检查记录台账	(　　) (　　) (　　)	
31	随车配备安全设施设备	(1)是否按要求配备安全防护、环境保护、消防设施设备和应急救援器材。 (2)是否建立安全防护、环境保护、消防设施设备和应急救援器材检查、维护、更新记录。 (3)是否有专职人员签名确认。 (4)运输剧毒、爆炸、易燃危险货物的车辆排气管是否安装安装隔热和熄灭火星装置。 (5)运输剧毒、爆炸、易燃危险货物的车辆是否配装导静电橡胶拖地带	(　　) (　　) (　　) (　　) (　　)	
32	技术等级评定	《道路运输证》与技术等级证明是否相符,技术等级为一级	(　　)	
33	二级维护	(1)是否有二级维护检测报告。 (2)是否有二级维护竣工出厂合格证	(　　) (　　)	
34	车辆检查及隐患处理	(1)是否有"车辆检查表"。 (2)记录是否齐全、真实。 (3)是否由检查人签字。 (4)是否有车辆故障及隐患的处理措施及记录	(　　) (　　) (　　) (　　)	

续上表

条目	名　称	实施细则	合　格(√) 不合格(×)	备注
35	车辆及工、属具清洗	是否与有一定清洗条件的企业签订的车辆清洗合同	(　)	
36	停车场设置	是否有产权证或者三年以上的租赁合同或相关证明	(　)	
37	停车场面积	查阅标注尺寸的停车场地平面图,按照车辆数核算停车场面积,核查是否符合要求	(　)	
38	停车场标志	查阅停车场地照片,是否封闭并设立明显标志	(　)	
39	停车场安全防护、消防设施设备	(1)是否按规定配置符合要求的消防设施设备。 (2)是否建立停车场地的消防设施定期检查、维护、更新台账	(　) (　)	
40	劳动防护用品	是否建立“个人防护设备领用发放记录台账”	(　)	
41	职业健康检查	是否有“企业职业健康管理台账或记录”	(　)	
42	特种设备校验、检修	是否有定期校验、检修记录	(　)	
43	装卸机械和工具	(1)装卸机械、工具管理台账是否有专职管理人员签字。 (2)是否按照规定定期对装卸机械、工具进行检查、校验、维护	(　) (　)	
44	承运受理	(1)托运人是否如实填写运单各项内容。 (2)托运人是否提交与托运的危险货物一致的安全技术说明书。 (3)托运未列入《危险货物品名表》(GB 12268—2012)的危险货物时,是否提交与危险货物一致的危险货物鉴定表。 (4)使用集装箱装运危险货物的,托运人是否提交危险货物装箱清单。 (5)托运凭证运输的危险货物,是否有托运凭证。 (6)托运凭证运输的危险货物,运单上是否注明。 (7)承运人是否在运单上签字	(　) (　) (　) (　) (　) (　) (　)	
45	驾驶人员安全生产操作规程	企业是否有符合要求的驾驶人员安全生产操作规程	(　)	
46	押运人员安全操作规程	企业是否有符合要求的押运人员安全生产操作规程	(　)	

续上表

条目	名　　称	实 施 细 则	合　格(√) 不合格(×)	备注
47	装卸管理人员安全操作规程	企业是否有符合要求的装卸管理人员安全生产操作规程	(　)	
48	动态监控管理相关制度	(1)是否建立并执行监控平台运行维护管理与考核办法。 (2)是否建立并执行卫星定位装置的安装、使用及维护制度。 (3)是否建立并执行监控人员岗位职责及管理制度。 (4)是否建立并执行交通违法动态信息处理和统计分析制度。 (5)是否建立并执行应急突发事件处理制度	(　) (　) (　) (　) (　)	
49	道路运输车辆卫星定位系统平台	(1)是否有通过系统平台标准符合性技术审查的证明材料。 (2)月度车辆实时监控情况平均值是否满足要求。 (3)月度平台运行情况平均值是否满足要求	(　) (　) (　)	
50	专职监控工作人员	(1)查阅任职证明文件,核查专职监控人员数量是否满足要求。 (2)是否有专职监控人员培训、考试合格记录	(　) (　)	
51	监控数据	(1)监控人员是否按照岗位职责和工作流程的要求执行。 (2)动态监控数据是否至少保存6个月。 (3)违法驾驶信息及处理情况是否至少保存3年	(　) (　) (　)	
52	运输事故应急预案	(1)企业是否编制危险货物道路运输企业应急预案。 (2)预案内容是否满足要求	(　) (　)	
53	应急培训	(1)预案中应急培训是否应明确了培训对象、培训内容、培训方式、培训频率和时间。 (2)是否有应急预案培训和宣传活动记录	(　) (　)	
54	应急演练	(1)是否制定了应急预案演练计划。 (2)计划内容是否包括目标、内容、规模、参加部门及人员、演练频次、评估、总结等。 (3)应急预案演练记录是否包括:应急预案演练实施方案、演练照片、签到和演练总结等	(　) (　) (　)	
55	运输事故处置	(1)是否有事故报告的记录。 (2)是否有应急处置的记录。 (3)事故报告内容是否满足要求	(　) (　) (　)	

续上表

条目	名　　称	实施细则	合　格(√) 不合格(×)	备注
56	运输事故调查处理	(1)是否有事故处理的记录。 (2)事故处理是否符合“四不放过”原则	(　　) (　　)	
57	运输事故总结	是否有总结报告和整改措施记录	(　　)	
58	运输事故统计	是否有事故统计报表	(　　)	
59	安全生产监督检查内容	安全生产监督检查的内容是否满足要求	(　　)	
60	安全生产监督检查档案	安全生产监督检查档案是否满足要求	(　　)	

危险货物道路运输企业安全检查—现场审查简表 附表 2

条目	名　　称	实 施 细 则	合　格(√) 不合格(×)	备注
7	安全生产决策机构	安全生产委员会或安全生产领导小组机构图、人员名单、联系电话是否上墙明示	(　　)	
9	应急救援组织	应急救援领导小组成员名单、联系电话是否上墙明示	(　　)	
13	安全生产管理机构职责	职能部门安全职责是否向企业全体职工公示	(　　)	
25	随车证件	(1)是否随车携带有效的《行驶证》、道路运输证。 (2)是否随车携带《道路运输危险货物安全卡》	(　　) (　　)	
27	卫星定位装置和通信工具	(1)车辆是否安装卫星定位系统车载终端。 (2)车辆是否配备了有效的通信工具。 (3)是否随车携带卫星定位装置安装证明材料	(　　) (　　) (　　)	
28	罐体要求	(1)是否安装紧急切断装置。 (2)紧急切断装置是否处于关闭状态	(　　) (　　)	
30	车辆标志	(1)标志灯的安装位置是否符合要求,驾驶室顶部外表面中前部(从车辆侧面看),中间(从车辆正面看)。 (2)标志牌的安装是否符合要求(车辆前部左侧、尾部右侧各一个)。 (3)安全告示牌安全位置是否符合要求(放大的车辆牌照号左上方)。 (4)标志灯、标志牌、安全告示牌是否完好。 (5)车辆后部和侧面红、白相间的反光标识是否完好。 (6)罐体橙色反光带是否完好。 (7)罐体两侧后部色带的上方是否喷涂装运介质名称。 (8)道路运输爆炸品和剧毒化学品车辆橙色反光带是否完好	(　　) (　　) (　　) (　　) (　　) (　　) (　　) (　　)	
31	随车配备安全设施设备	(1)安全防护、环境保护、消防设施设备和应急救援器材是否完好、有效。 (2)运输剧毒、爆炸、易燃危险货物的车辆排气管是否安装安装隔热和熄灭火星装置。 (3)运输剧毒、爆炸、易燃危险货物的车辆是否配装导静电橡胶拖地带。 (4)车辆是否车厢底板平坦完好、栏板牢固并采取了相应的衬垫防护措施	(　　) (　　) (　　) (　　)	

续上表

条目	名　称	实施细则	合　格(√) 不合格(×)	备注
36	停车场设置	是否在企业注册地所在市级行政区域内	(　)	
37	停车场面积	停车场面积是否满足要求	(　)	
38	停车场标志	(1)封闭隔离设施是否符合要求。 (2)是否安装、悬挂、张贴醒目、清晰的警示标志。 (3)运输剧毒、爆炸品的专用车辆是否有专用停车区域	(　) (　) (　)	
39	停车场安全防护、消防设施设备	(1)停车场地是否按规定配置符合要求的消防设施设备。 (2)消防设施设备是否挂牌并有定期检查记录	(　) (　)	
40	劳动防护用品	在岗员工是否正确穿戴、使用齐全、完好、有效的劳动防护用品	(　)	
43	装卸机械和工具	(1)各种装卸机械、工具的最大装载量是否小于其额定负荷的75%。 (2)装卸易燃易爆危险化学品的机械和工具是否有消除产生火花的措施	(　) (　)	
50	专职监控工作人员	是否有专职工作人员在岗	(　)	
51	监控数据	查看平台历史数据，是否及时提醒纠正超速行驶、疲劳驾驶等违法驾驶行为	(　)	

危险货物道路运输企业安全检查—交流询问简表　　附表3

条目	名　　称	实施细则	合　格(√) 不合格(×)	备注
12	安全生产岗位职责	安全生产岗位人员是否熟悉本岗位职责	(　　)	
22	培训计划与培训内容	从业人员是否了解培训、考核内容	(　　)	
45	驾驶人员安全生产操作规程	驾驶员是否了解驾驶人员安全操作规程	(　　)	
46	押运人员安全操作规程	押运员是否了解押运人员安全操作规程	(　　)	
47	装卸管理人员安全操作规程	装卸管理员是否了解装卸管理人员安全操作规程	(　　)	
55	运输事故处置	(1)驾驶人员、押运人员是否了解事故报告内容。 (2)企业管理人员是否了解事故报告内容	(　　) (　　)	
56	运输事故调查处理	企业管理人员是否了解“四不放过”原则	(　　)	
59	安全生产监督检查的内容	企业管理人员是否了解安全生产监督检查的内容	(　　)	

第二篇

紧急切断装置检查与使用指南

近年来，道路运输液体危险货物罐式车辆（以下简称罐车）发生多起因碰撞泄漏引发的重特大交通事故，尤其是包茂高速陕西延安段“8·26”和晋济高速岩后隧道“3·1”事故，造成了巨大的人员伤亡和财产损失，产生了极其恶劣的社会影响。事故主要特征是被追尾后罐车的装卸管路系统发生变形、开裂或损毁，造成介质泄漏且无法封堵，引发火灾，即“一撞就裂、一裂就漏、一漏就着”，导致“群死群伤”的严重后果。调查发现，导致事故的最主要原因是涉事罐车没有按法规要求安装具有封闭和切断外力传递等安全防护功能的紧急切断装置。2015年，荣乌高速山东莱州段“1·16”重大交通事故暴露出紧急切断装置操作、使用与维护方面还存在缺失，已引起监管部门的高度重视，迫切需要对相关从业人员进行培训并提供技术指导。

紧急切断装置是防止罐车发生意外泄漏的重要安全附件，全行业已经充分意识到加装紧急切断装置的必要性和紧迫性，政府相关部门十分重视。2014年，国家安全监管总局、工业和信息化部、公安部、交通运输部及国家质检总局联合发布了《关于在用液体危险货物罐车加装紧急切断装置有关事项的通知》（安监总管三〔2014〕74号）和《关于明确在用液体危险货物罐车加装紧急切断装置液体介质范围的通知》（安监总管三〔2014〕135号），对紧急切断装置加装工作提出了具体要求，作出全面部署。为保证通知落实效果，结合当前相关监管机构对加装紧急切断装置查验工作的实际需要，切实提升罐车安全水平，特编制本指南。

第一章 工作原理

罐车上配备的紧急切断装置一般由紧急切断阀、易熔塞自动切断装置以及远程控制系统组成。其中,紧急切断阀是最基本的组成部分。根据《道路运输液体危险货物罐式车辆紧急切断阀》(QC/T 932—2012),紧急切断阀是指安装在罐体底部,具有封闭和切断外力传递等安全防护功能的阀门,在运输过程中应处于关闭状态。通常利用气动、液压或机械方式控制紧急切断阀启闭;在工作过程中当环境温度由于火灾等原因升高至规定范围时,借助易熔元件能自动闭止;当受到剧烈冲击时,剪断槽将受力断裂使罐体与管道分离,避免介质泄漏。

以内置式紧急切断阀为例,基本结构如图2-1-1 所示,实物如图2-1-2 所示。

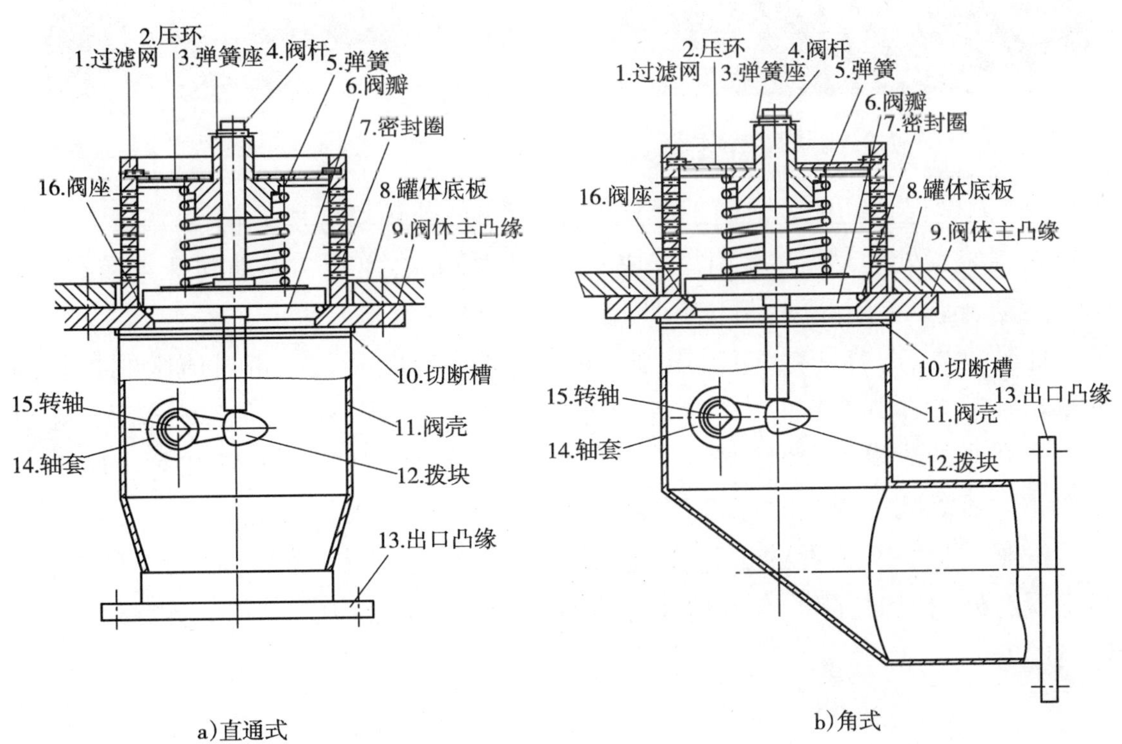

a)直通式

b)角式

图2-1-1 内置式紧急切断阀基本结构图

紧急切断装置工作原理：

（1）阀体常闭：弹簧处于压缩状态，弹簧5所产生的力使阀瓣6下沉关闭，达到密封的效果。在常态下，阀体处于闭合状态。

（2）阀体打开：通过机械、气动或液压等方式推动拨块12，将阀杆4向上顶起，使阀瓣6开启，介质即可流出或者流入（针对下装式）。当阀杆4所受拨块12的外力消失时，弹簧力将使阀瓣6下沉，密封罐体。

（3）受到剧烈外力冲击：能量传递到剪断槽10处使其断裂，将罐体与管道分离，而密封机构完好，避免介质泄漏。受冲击断裂后的紧急切断装置分离状态如图2-1-3所示。

图2-1-2　内置式紧急切断装置实物图

图2-1-3　紧急切断阀受冲击断裂后分离状态图

（4）温度保护功能：当阀门处于开启位置时，若环境温度升高至75±5℃，安装在控制装置处的易熔塞熔化，拨块12的外力卸除，弹簧5推动阀杆4和阀瓣6向下运动，迅速关闭阀门，阻止介质继续流动，防止危险发生或扩大。

此外，可以选装具有"过流限制功能"的紧急切断装置。带过流限制功能的紧急切断装置在卸料作业中如果装卸管路系统发生破裂或其他意外情况，导致管道内介质的流量剧烈增加超过额定值时，由于流体对阀腔四壁和对主阀下表面的压力显著减小，阀瓣被向下推动而关闭，防止介质大量外流。

按照紧急切断装置的工作原理，合格产品应能够实现封闭和切断的功能。当出现意外情况时，能够有效地防止介质泄漏，进而保护操作人员、设备及周围环境的安全。

第二章 类型及选用

紧急切断阀按安装形式分为内置式和外置式,按传动方式主要分为液压式、机械式、气动式等,本章将介绍紧急切断阀具体类型命名及选用原则。

1. 类型及命名

类型代号的标注方法依据《内置式安全止流底阀技术条件》(HG/T 3912—2006)确定,该标准含外置式标注方法。紧急切断阀型号由下列八个单元组成,如图 2-2-1 所示。

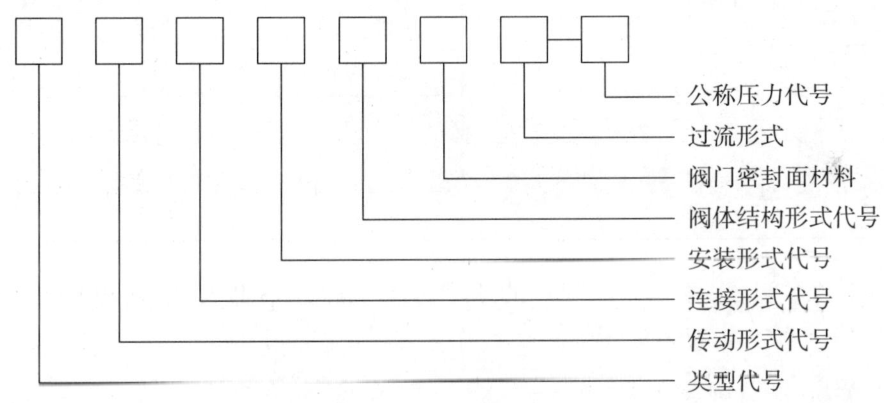

图 2-2-1 紧急切断阀型号示意图

型号标注方法的顺序及含义为:类型代号、传动形式代号、连接形式代号、安装形式代号、阀体结构形式代号、阀门密封面材料、过流形式和公称压力代号,用汉语拼音字母或阿拉伯数字表示,具体按表 2-2-1 的规定。

(1)说明:公称压力用阿拉伯数字表示,其数值是以兆帕(MPa)为单位的公称压力值的 10 倍(MPa × 10),常压可缺省。

(2)示例:QDQ411FS-15 表示:QD 为紧急切断阀,Q 为气动驱动,4 为凸缘连接,1 为内置式,1 为直通,F 为氟塑料密封面,S 为带过滤网,公称压力值为 1.5MPa。

2. 选用原则

1)选型原则

罐车紧急切断装置无论是原装选型,还是加装选型,均应根据罐车的结构、使用功能、运输介质特性与危害、使用条件与环境、紧急切断装置的安装方法与操作方式等实际需求进行合理选择。

紧急切断阀的类型与代号 表 2-2-1

<table>
<tr><td>单元</td><td colspan="6">代号</td></tr>
<tr><td>单纯紧急切断阀</td><td colspan="6">QD</td></tr>
<tr><td rowspan="2">传动形式</td><td colspan="2">液压</td><td colspan="2">机械</td><td colspan="2">气动</td></tr>
<tr><td colspan="2">Y</td><td colspan="2">J</td><td colspan="2">Q</td></tr>
<tr><td rowspan="2">连接形式</td><td colspan="3">凸缘</td><td colspan="3">快装接头</td></tr>
<tr><td colspan="3">4</td><td colspan="3">5</td></tr>
<tr><td rowspan="2">安装形式</td><td colspan="3">内置</td><td colspan="3">外置</td></tr>
<tr><td colspan="3">1</td><td colspan="3">2</td></tr>
<tr><td rowspan="2">阀体结构形式</td><td colspan="3">直通</td><td colspan="3">角式</td></tr>
<tr><td colspan="3">1</td><td colspan="3">3</td></tr>
<tr><td rowspan="2">阀门密封面材料</td><td colspan="2">尼龙塑料</td><td colspan="2">氟塑料</td><td colspan="2">合金钢</td></tr>
<tr><td colspan="2">N</td><td colspan="2">F</td><td colspan="2">H</td></tr>
<tr><td rowspan="2">过流形式</td><td colspan="6">过滤网</td></tr>
<tr><td colspan="6">S</td></tr>
</table>

选型工作应由罐车生产企业、具备资质的加装企业和检测机构协助用户共同完成。

2)相关标准与规定

目前,《道路运输液体危险货物罐式车辆紧急切断阀》(QC/T 932—2012)是指导生产和加装紧急切断装置的主要技术依据,适用于运输第三类易燃液体的罐体,对紧急切断阀的术语定义、要求、试验方法和检验规则等进行了规定。《关于将道路运输液体危险货物罐式车辆紧急切断阀列入公告检验项目的通知》(中机函〔2013〕111 号),确定将该标准列入公告检验依据,对相关产品进行检验。

国家标准《道路运输液体危险货物罐式车辆 第 1 部分:金属常压罐体技术要求》(GB 18564.1—2006)依据介质不同对罐体是否应加装紧急切断装置进行了规定。

近年来,相关部门发布了多项与紧急切断装置安装及加装相关的文件,主要包括:

(1)工业和信息化部发布的《罐式危险品运输车及半挂车补充安全技术要求》(工信部产业〔2012〕504 号),要求自 2012 年 12 月 1 日起,新申报公告的罐式危险品运输车,除运输《危险货物品名表》(GB 12268—2012)中第2类第2项介质的罐式车辆之外,必须安装紧急切断装置。

(2)国家安全监管总局、工业和信息化部、公安部、交通运输部和国家质检总局联合发布《关于在用液体危险货物罐车加装紧急切断装置有关事项的通知》(安监总管三〔2014〕74号),要求2014年7月7日开始,所有新出厂的常压液体危险货物罐式车辆必须安装紧急切断装置,并对在用车加装工作进行了部署;《关于明确在用液体危险货物罐车加装紧急切断装置液体介质范围的通知》(安监总管三〔2014〕135号)明确了运输17种介质的罐车必须按期加装紧急切断装置,具体如表2-2-2所示。

五部局文件明确必须按期加装紧急切断装置的介质表 表2-2-2

序号	GB 12268—2012 编号	介质名称说明	危险程度分类	罐体设计代码
1	1090	丙酮	易燃	LGBF
2	1114	苯	易燃、中度危害	LGBF
3	1120	丁醇	易燃	LGBF
4	1123	乙酸丁酯	易燃	LGBF
5	1160	二甲胺水溶液	易燃、中度危害	L4BH
6	1170	乙醇或乙醇溶液	易燃	LGBF
7	1173	乙酸乙酯	易燃	LGBF
8	1198	甲醛溶液	腐蚀、易燃、高度危害	L4BN
9	1202	柴油	易燃	LGBF
10	1203	车用汽油或汽油	易燃	LGBF
11	1212	异丁醇	易燃	LGBF
12	1219	异丙醇	易燃	LGBF
13	1223	煤油	易燃	LGBF
14	1230	甲醇	易燃、中度危害	L4BH
15	1294	甲苯	易燃	LGBF
16	1307	二甲苯	易燃	LGBF
17	2055	单体苯乙烯,稳定的	易燃、中度危害	LGBF

第三章　检 查 方 法

1. 文件检查

通过检查罐体出厂检验报告、定期检验报告、罐体安全附件质量证明书、具有行业管理部门认定资质的单位出具的紧急切断装置加装证明和检验报告，确定罐式车辆是否安装了紧急切断装置。

2. 现场检查

除对文件检查外，还应通过现场检查的方式确认罐车按要求安装了紧急切断装置。

1）检查罐体根部是否安装切断装置

紧急切断装置应安装在罐体与装卸管理系统连接处，安装后形式如图2-3-1、图2-3-2所示。现场检查时应首先查看罐体底部是否有类似装置，读取紧急切断装置产品编号，确定是否满足介质的运输要求。

图2-3-1　气动控制紧急切断装置安装位置示意图

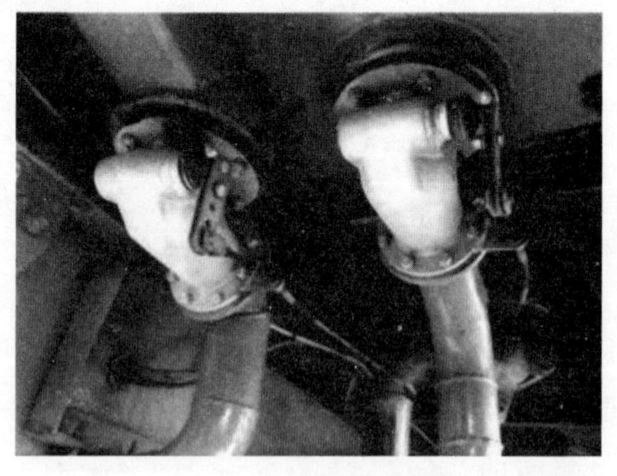

图2-3-2　机械控制紧急切断装置安装示意图

2）检查是否具备控制装置

现场检查发现罐车安装了图2-3-1、图2-3-2类似的装置后，还应对紧急切断装置开关进行核查。

紧急切断装置按钮可能位于阀门箱（最常见）、罐车尾部或者驾驶室内等地方。气压式紧急切断装置应具备导气管路，机械式紧急切断装置应具备操作手柄（或手轮）。

紧急切断装置开关分布位置实例如图 2-3-3、图 2-3-4 所示：

图 2-3-3　开关位于阀门箱中

注：图 2-3-3 中显示的是多仓罐体紧急切断装置控制按钮，具备紧急切断装置的每一仓都有单独的按钮控制。

图 2-3-4　开关位于罐车尾部

注：图 2-3-4 是按钮的典型分布位置，未包含所有的情况，实际检查中应灵活掌握。

3）检查紧急切断装置剪断槽是否完好

剪断槽是实现如图 2-1-3 种所示罐车紧急切断功能的关键，应保证紧急切断装置剪断槽明显、完好。紧急切断装置剪断槽如图 2-3-5 所示，图 2-3-5 中箭头所指连接处一圈凹槽即为剪断槽。

4）检查紧急切断装置控制装置是否处于关闭状态

除装卸料过程外，紧急切断装置应处于关闭状态。检查时应对罐车紧急切断装置关闭状态进行确认。

若驾驶室中有紧急切断装置远程控制按钮，操作时，按下为开启状态，凸起为关闭状态。若阀门箱中有紧急切断装置现场操作装置控制按钮，操作时，推入按钮为关闭状态，拉出按钮为开启状态。

图 2-3-5　紧急切断装置剪断槽示意图

5)检查紧急切断装置是否存在泄漏等情况

检查紧急切断装置和罐体之间的密封凸缘是否完好,有无损伤、松脱、泄漏等现象,控制系统是否操作灵活可靠、到位等。

第四章 使用要求

紧急切断装置的操作机构(按钮或者手柄)应具备易于辨识、操作的特点，且应安装在操作人员易于到达、操作便捷、安全可靠的地方。操作机构通常设置在罐车的阀门箱内、车辆尾部或者是驾驶室仪表盘上,罐车至少应具备一组紧急切断装置操作机构,气压式紧急切断装置的操作机构可以有多组。

1. 罐式车辆三道阀的设置要求

《道路运输液体危险货物罐式车辆第 1 部分 :金属常压罐体技术要求》(GB 18564.1—2006)中对罐车三道阀的设置要求如下:

(1)应设置三道相互独立,且串联的关闭装置。

(2)第一道阀门应为紧急切断装置。

(3)第二道为外部卸料阀。

(4)第三道为在卸料口处设置的盲凸缘或类似的装置,且应具有能防止意外打开的功能。

按照上述要求,常压罐式车辆“三道阀”的布置通常如图 2-4-1 所示。

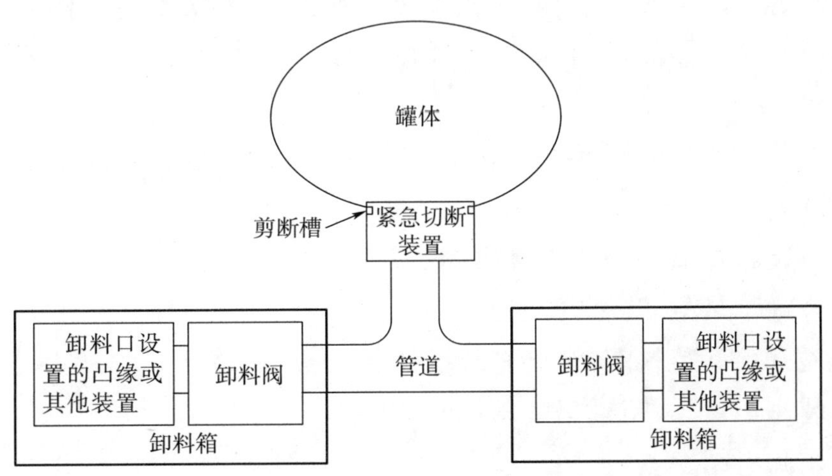

图 2-4-1 罐式车辆“三道阀”示意图

注:为了加强对标准的理解,图 2-4-1 所示内容仅是罐车装卸管理系统典型分布形式的示意,不能涵盖当前车辆的所有类型。

2. 紧急切断装置操作原则

道路运输液体危险货物常压罐式车辆紧急切断装置操作应遵循如下原则：

(1)操作紧急切断装置开关之前,首先应进行安全检查,打开卸料口的盲凸缘或其他装置,连接装料管道。

(2)紧急切断装置开启后再打开卸料阀。

(3)针对具有多个舱位的罐车,应先打开紧急切断装置的总控制开关,随后打开装卸料对应舱位的紧急切断装置开关。

(4)如果在装卸过程中发生突发状况,应立即关闭紧急切断装置,在装卸口发生紧急情况难以靠近时,应使用其他远程控制开关关闭紧急切断装置(如位于罐车尾部的紧急切断装置)。

3. 罐车充装介质过程中紧急切断装置操作流程

1)"上装下卸"式罐车

(1)进行罐车罐装作业前,应进行安全检查,做好相关准备工作。确认紧急切断装置与卸料阀均处于关闭状态,否则不得进行灌装作业。

(2)若罐车为顶部灌装则可以开始正常灌装作业。在灌装完毕后应再检查紧急切断装置是否关闭,否则不得行车。

2)"下装下卸"式罐车

针对下装下卸式罐车,图 2-4-1 中卸料阀就是下装料阀。

(1)进行罐车罐装作业前,应进行安全检查,做好相关准备工作。

(2)检查确认紧急切断装置与卸料阀均处于关闭状态,否则不得进行充装作业。

(3)打开图 2-4-1 中所示的"卸料口设置的盲凸缘或其他装置"(以下简称卸料口装置)。

(4)连接装料管道并确认连接牢固。

(5)打开罐车紧急切断装置。

(6)缓慢开启下装料阀,开始充装操作。

(7)充装完毕后,关闭罐车紧急切断装置。

(8)关闭卸料阀。

(9)卸除装料管道,关闭卸料口装置。

(10)再次确认紧急切断装置处于关闭状态后,关闭阀门箱。底部充装流程如图 2-4-2 所示。

4. 罐车运输过程中对紧急切断装置状态的检查

紧急切断装置在罐车运输过程中应处于关闭状态。途中停靠休息时应检查紧急切断装置是否处于关闭状态，剪断槽是否完好，并观察卸料口、剪断槽处是否泄漏。

5. 罐车卸载介质过程中紧急切断装置操作流程

(1)进行罐车卸料作业时，应当首先进行安全检查，确认紧急切断装置与卸料阀均处于关闭状态，并做好卸载作业准备工作。

(2)打开卸料口装置，连接卸料管道并确定连接牢固。

(3)打开罐车紧急切断装置。

(4)缓慢开启卸料阀开始卸载。

(5)介质卸载完成后，关闭罐车紧急切断装置。

(6)关闭卸料阀。

(7)卸除卸料管道并关闭卸料口装置与阀门箱。流程如图 2-4-3 所示。

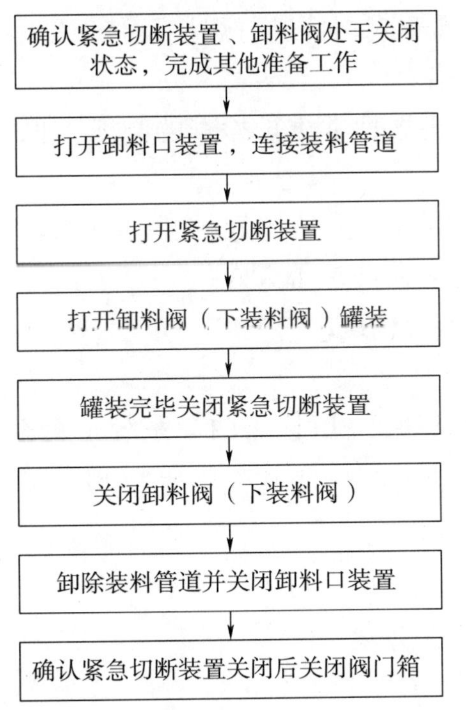

图 2-4-2 罐车底部罐装紧急切断阀操作流程图

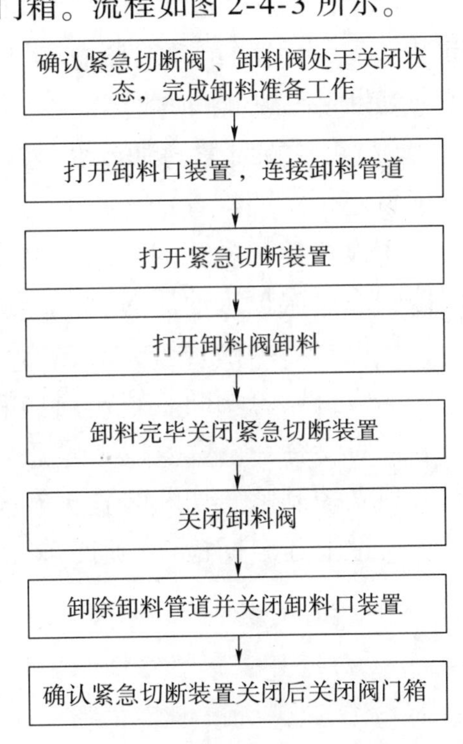

图 2-4-3 罐车卸料作业紧急切断阀操作流程图

6. 紧急切断装置使用注意事项

(1)企业应对从业人员紧急切断装置操作进行培训并进行实操测验，确保从业人员充分认识紧急切断装置在保障安全方面的重要作用，具备正确操作紧急切断装置的技能。

(2)建议企业在罐车阀门箱等明显位置设置提醒标语“注意关闭紧急切断装置”,并图示说明紧急切断装置开、关的操作方法(以推拉式按钮为例,“拉出”—开,“推入”—关),提示架押人员、装卸人员在装卸料作业完毕后检查紧急切断装置是否关闭。

(3)企业应建立监督制度,对从业人员使用紧急切断装置的情况进行检查,如罐车出入场站检查、运输途中随机抽查等。

(4)紧急切断装置不应长期处于开启状态,在不进行装卸料作业时,应及时关闭,长期开启(弹簧长期压缩)将会降低阀门使用的可靠性。

(5)采用手动开启或关闭紧急切断装置时,应使用手柄(或手轮)开关操作,不得借助辅助杠杆或扳手等其他工具。不要用力过大过猛,否则容易损坏操作部件。

(6)企业在日常使用紧急切断装置过程中,严禁使用其他材料替换紧急切断装置的易熔塞,严禁对紧急切断装置的弹簧、阀瓣或阀杆进行焊接及其他影响紧急切断装置功能的操作。

(7)为了保证紧急切断装置的正常工作,应建立日常维护检查的制度,对如下项目进行定期检查:

①检查控制系统的气路是否畅通及机械连接是否灵活完好,尤其是车辆长期停驶后再次投入使用时,应重点检查气路及机械系统是否有效。

②检查剪断槽是否完好,是否存在锈蚀、漏液等情况。

③检查紧急切断装置密封功能是否完好。

④对于存在两套及以上紧急切断控制装置的罐车,应检查两套系统是否都能够独立控制紧急切断装置正常关闭与开启。

通过上述定期检查,确保系统设备的安全运转。

第五章 应急处置

企业应针对紧急切断装置可能发生的典型故障、事故制定应急预案，并对员工进行培训与演练，保证员工在紧急情况下正确操作紧急切断装置。紧急切断装置应急处置应遵循以下原则：

(1)企业应针对紧急切断装置的典型故障，结合企业承运介质、运输工具特点，将紧急切断装置突发事件的应急处置纳入企业应急预案，并进行定期演练。

(2)针对介质泄漏、密封失效、开启故障(阀体本身故障和控制系统失效导致)、交通事故等突发状况，企业应结合承运介质特性，研究并提出针对性的处置措施。

(3)运输过程中发生泄露或交通事故时，架押人员应迅速向企业及相关管理部门报告，根据应急预案采取合理的措施进行处理，对现场人员、车辆进行疏散，未得到企业或行业管理部门要求时或应急预案中未要求移动车辆时，应避免移动车辆。

(4)紧急切断装置发生故障无法开启或密封时，应联系专业机构或部门，将罐内介质排空后进行处理，避免采用粗暴方式开启或关闭紧急切断装置。

(5)紧急切断装置发生故障或损坏后，应联系罐车生产企业或专业单位进行处理，不要自行拆解维修。

附录

附录1　危险货物道路运输企业安全管理技术要求

第一章　企业经营范围及人员从业资格

第一节　企业经营范围及变更报备

第1条　企业经营范围

企业应在道路运输管理机构批准的范围内经营。

第2条　企业变更备案

危险货物道路运输企业或者单位变更法定代表人、名称、地址等工商登记事项向原许可机关备案。

第二节　人员从业资格

第3条　专职安全管理人员从业资格

企业专职安全管理人员应满足下列条件之一：

(1)取得危险货物道路运输从业资格证,且在有效期内。

(2)有符合"危险货物道路运输专职安全管理人员管理办法"工作资历证明。

第4条　专职安全管理人员配备人数

危险货物道路运输企业,车辆数在30辆及以下的,应当至少配备1名专职安全管理人员;车辆数为31～60(含)辆时,应当至少配备2名专职安全管理人员;车辆数超过60辆时,超出部分每增加30辆运输车辆应当至少增加1名专职安全管理人员。

第5条　驾驶人员、押运人员和装卸管理人员从业资格

危险货物道路运输车辆(简称"专用车辆")的驾驶人员、企业押运人员和装卸管理人员全部取得危险货物道路运输从业资格证,且在有效期内。从事剧毒化学品、爆炸品道路运输的驾驶人员、装卸管理人员、押运人员,应取得注明为剧毒化学品运输或者爆炸品运输类别的从业资格证。

第6条 驾驶人员驾驶证

专用车辆的驾驶人员取得相应机动车驾驶证，年龄不超过60周岁。

第7条 驾驶人员、押运人员配备人数

专用车辆的驾驶人员、押运人员配备数量与企业危险品运输专用车辆数量相适应。

第二章 安全生产基础

第一节 安全管理机构

第8条 安全生产决策机构

企业及分支机构设置了安全生产决策机构，有机构设置文件或资料；安全生产决策机构由企业主要负责人、生产经营负责人及相关部门主要负责人组成。

第9条 安全生产管理部门

企业设立安全生产管理部门，有部门设置文件。

第10条 应急救援组织

企业构建危险货物事故应急救援体系，成立以法定代表人为负责人的设置应急救援组织，至少包括应急领导组、技术指导组和现场工作组，有机构设置文件。

第二节 安全生产责任制

第11条 安全生产责任制度

企业应建立安全生产责任制度，企业安全生产制度符合《危险货物道路运输企业安全生产责任制编写要求》（JT/T 913—2014）等法律法规的要求。

第12条 安全生产岗位职责

企业每年与相应岗位责任人签订《安全生产目标责任书》，有记录和资料。《安全生产目标责任书》的签订人员至少应包括主要负责人、分管安全的企业负责人、安全管理部门负责人、专职安全管理人员、驾驶人员、押运人员、装卸管理人员。相应岗位责任书或责任状应符合安全生产责任制度。

第13条 安全生产管理机构职责

企业根据安全生产决策、安全生产管理等机构或部门的设置情况，制定职能部门安全职责，有相应文件或资料。各职能部门安全职责内容符合《道路运输危险货物企业安全生产责任制编写导则》（JT/T 913—2014）和相关法律、法规、规章和标准的要求。职能部门安全职责向企业全体职工公示。

第三节 安全生产管理制度

第14条 安全生产管理制度

企业应建立安全生产管理制度，至少应包括：安全生产监督检查制度、安全生产教育培训制度、从业人员安全管理制度、专用车辆安全管理制度、安全设施设备（停车场）管理制度、应急救援预案管理制度、安全生产会议制度、安全生产考核与奖惩制度、安全事故报告、统计与处理制度。各项安全生产管理制度的内容符合《危险货物道路运输企业安全生产管理制度编写要求》（JT/T 912—2014）等相关法律、法规、规章及标准的要求。

第四节　安全生产会议

第15条　安全生产工作会议

定期召开安全生产领导机构或领导小组的安全生产工作会议，且每季度至少召开一次。

安全生产领导机构或领导小组工作会议内容至少应包括企业在相应时间段内安全生产目标改进、安全生产岗位职责落实及安全管理重要人员变更、安全管理制度改进、安全生产情况分析、事故隐患整改情况、重要安全工作决策与部署等。

每次安全生产工作会议的记录档案完整、清晰，至少包括会议召开通知、会议照片记录、参会人员签名、记录人、会议主要内容等。

第16条　安全生产工作例会

定期召开安全生产领导机构或领导小组的安全生产工作例会，且安全工作例会至少每月召开一次。

安全生产工作例会内容至少应包括企业在相应时间段内的安全生产工作与目标的实施情况、安全管理制度符合度评价、安全生产工作分析、安全工作实施部署等。

每次安全生产工作例会的记录档案完整、清晰，至少包括会议召开通知、会议照片记录、参会人员签名、记录人、会议主要内容等。

第五节　安全生产档案管理

第17条　安全生产档案内容

各项安全生产档案内容符合《危险货物道路运输企业安全生产档案管理技术要求》（JT/T 914—2014）。

档案内容应实事求是，不存在弄虚作假、代签代写等现象。

第18条　安全生产档案保管

企业、车辆、人员证件及记录有效期发生变化，设备更换等有时效性的信息应及时更新。

危险货物道路运输车辆监控数据记录保存期限三个月;危险货物道路运输罐式车辆罐体检查记录保存期限2年;企业安全生产监督检查记录、驾驶人员违法驾驶及处理情况记录保存期限3年。

第三章　从业人员管理

第一节　招聘录用与解聘及资格证管理

第19条　从业人员招聘录用与解聘

危险货物道路运输企业应依法对从业人员进行招聘、录用、解聘和管理。具备包含企业招聘内容及要求、调离辞退条件、标准及程序的相关制度。企业应与录用的人员签订符合劳动合同法规定的聘用合同。保留从业人员内部转岗、离职、辞退的记录。

第20条　资格证管理

资格证管理程序应符合从业人管理制度的要求。

第二节　安全培训教育与考核

第21条　从业人员培训

危险货物道路运输企业应严格执行从业人员安全培训教育制度,对员工执行岗前培训和日常培训。新进员工、转岗员工、离岗6个月以上的以及企业采用新技术或者使用新设备时要进行岗前培训,所有从业人员按照规定进行日常培训,保留从业人员培训记录。

第22条　培训计划与培训内容

企业应制定年度安全教育培训计划,明确培训的内容和培训时间。按照培训计划开展培训。培训内容符合《危险货物道路运输企业安全生产管理制度编写要求》(JT/T 912—2014)的要求。应包括:

a)　国家危险货物道路运输有关安全法律、法规、规章及标准;

b)　企业安全生产管理制度;

c)　企业常运危险货物的理化特性、职业危害及事故预防措施;

d)　安全设施设备、劳动防护用品(器具)及消防器材的正确使用和维护方法;

e)　员工职业道德教育;

f)　安全生产基本知识和安全行车知识;

g)　典型事故案例的警示教育;

h)　应急处置知识和应急设施与设备操作使用常识;

i) 异常情况紧急处置、事故应急预案、演练要求。培训后应对所有参加岗位培训的人员进行考核，考核合格后方可上岗作业，保留从业人员考核记录。

第三节 安全生产操作考核与奖惩

第23条 违法、违章、违纪情况

企业应按照从业人员管理制度的要求对其违法、违章、违纪情况进行记录。

第24条 安全生产操作考核与奖惩

企业应按照从业人员安全生产考核与奖惩制度对全体从业人员进行考核，并保留考核与奖惩记录，记录应清晰完整。

第四章 车辆、设施与设备管理

第一节 车辆技术状况

第25条 随车证件

随车携带有效的《行驶证》《道路运输证》《道路运输危险货物安全卡》。

第26条 承运人责任险

危险货物道路运输企业或者单位应当为其承运的危险货物投保承运人责任险。

第27条 卫星定位装置和通信工具

企业按照安装规范及相关标准，为车辆安装具有行驶记录功能的卫星定位装置，并接入监控平台和全国重点营运车辆联网联控系统；车辆应配备有效的通信工具。

第28条 罐体要求

罐式专用车辆的罐体符合《道路运输液体危险货物罐式车辆》(GB 18564.1—2006与GB 18564.2—2008)等国家标准规定的技术条件，有合格证明文件。

第29条 车辆选型要求

运输剧毒、爆炸品、易燃危险货物的，应配备罐式车辆、厢式车辆或压力容器等专用容器。

除铰接列车、具有特殊装置的大型物件运输专用车辆外，严禁使用货车列车从事危险货物运输；倾卸式车辆只能运输散装硫黄、萘饼、粗蒽、煤焦沥青等危险货物。

罐式专用车辆的罐体载货后总质量与专用车辆核定载质量相匹配。运输爆炸品、强腐蚀性危险货物的罐式专用车辆的罐体容积不得超过20立方米，运输剧毒化学品的罐式专用车辆的罐体容积不得超过10立方米，但运输符合国家有关标准的罐式集装箱除外；运输剧毒化学品、爆炸品、强腐蚀性危险货物的非罐式专用车辆，核定载质量不得超过10吨，但运输符合国家有关标准的集装箱的非罐式专用车辆除外。

无报废、擅自改装和其他不符合国家规定的车辆从事危险货物道路运输的情况。

第二节　车辆安全设施设备

第30条　车辆标志

按照《机动车运行安全技术条件》(GB 7258—2012)的要求，在车辆后部和侧面粘贴红、白相间的反光标识。

按照《道路运输危险货物车辆标志》(GB 13392—2005)的要求，配置和悬挂标志灯(牌)。

按照《道路运输液体危险货物罐式车辆第一部分：金属常压罐体技术要求》(GB 18564.1—2006)和《道路运输液体危险货物罐式车辆第二部分：非金属常压罐体技术要求》(GB 18564.2—2008)的要求，罐体应有一条沿通过罐体中心线的水平面与罐体外表面的交线对称均匀粘贴的环形橙色反光带。两侧后部色带的上方喷涂装运介质的名称。

按照《道路运输爆炸品和剧毒化学品车辆安全技术条件》(GB 20300—2006)的要求，配备符合国家标准的安全告示牌，车辆的后部和两侧应粘贴橙色反光带以标示车辆的轮廓。

第31条　随车配备安全设施设备

按照《道路运输液体危险货物罐式车辆》(GB18564.1—2006　GB 18564.2—2008)、《道路运输爆炸品和剧毒化学品车辆安全技术条件》(GB 20300—2006)等标准和化学品安全技术说明书、化学品安全标签有关安全要求配备安全防护、环境保护、消防设施设备和应急救援器材。按照规定对安全设施设备(含应急物资)进行检查、校验、维护，并应有专人保管。

运输剧毒、爆炸、易燃危险货物的车辆排气管安装隔热和熄灭火星装置，配装导静电橡胶拖地带。

栏板车、厢式车的车厢底板平坦完好、栏板牢固；根据不同危险货物，车厢采取相应的衬垫防护措施。

第三节　车辆检测与维护

第32条　技术等级评定

车辆按照《营运车辆技术等级划分和评定要求》(JT/T 198—2004)，每年按时到有资质的合法检测机构参加车辆技术等级评定，危险货物运输车辆技术状况必须达到一级技术要求。

第33条　二级维护

按照要求进行车辆二级维护，并有有效的二级维护竣工出厂合格证。

第34条　车辆检查及隐患处理

车辆日常检查有对应的车辆检查表，每次车辆检查记录齐全、真实，有相关责任人的签字。

有车辆故障及隐患的处理措施及记录。

第35条　车辆及工、属具清洗

运输结束后被危险货物污染过的车辆及工、属具，应到具备条件的地点进行清洗、消毒处理，并与有经环保部门认可的清洗单位签订的清洗合同。

第四节　停车场与设施设备管理

第36条　停车场设置

企业应在注册地所在市级行政区域内设立停车场地；应有有效产权证或租赁合同。

第37条　停车场面积

运输剧毒化学品、爆炸品专用车辆以及罐式专用车辆，数量为20辆（含）以下的，停车场地面积不低于车辆正投影面积的1.5倍，数量为20辆以上的，超过部分，每辆车的停车场地面积不低于车辆正投影面积；运输其他危险货物的，专用车辆数量为10辆（含）以下的，停车场地面积不低于车辆正投影面积的1.5倍；数量为10辆以上的，超过部分，每辆车的停车场面积不低于车辆正投影面积。

第38条　停车场标志

停车场地应当封闭并设立明显标志，其设置应当符合安全管理规定。

运输剧毒、爆炸品的专用车辆应有与其他设备、车辆、人员隔离的专用停车区域，并设立明显的警示标志。

第39条　停车场安全防护、消防设施设备

按《道路危险货物运输管理规定》要求配备相应的消防设施，并定期进行检查，确保其有效，有检查和更新记录。

第五节　劳动防护与装卸机械及工具

第40条　劳动防护用品

依据劳动防护用品管理规定，结合危险货物特性，为从业人员配备个人防护设备。

按照规定对个人防护用品进行检查、维护，确保其完好、有效。

第41条　职业健康检查

危险货物运输企业应按照规定对驾驶员、押运员进行职业健康检查，有相应记录资料。

第42条　特种设备校验、检修

企业按照规定对在用特种设备的安全附件、安全保护装置、测量调控装置及有关附属仪器仪表进行定期校验、检修。

第43条　装卸机械和工具

装卸爆炸品、有机过氧化物、剧毒品时，装卸机具的最大装载量应小于其额定负荷的75%。

装卸易燃易爆危险化学品的机械和工具，必须有消除产生火花的措施。

按照相关规定对装卸机械、工具实施专人保管，按照规定定期对装卸机械、工具进行检查、校验、维护。

第五章　运输过程监管与应急处置

第一节　承运受理与操作规程

第44条　承运受理

托运人应如实填写运单各项内容，并应提交与托运的危险货物一致的安全技术说明书。

托运未列入《危险货物品名表》(GB 12268—2012)的危险货物时，应提交与托运的危险货物一致的安全技术说明书和危险货物鉴定表。

使用集装箱装运危险货物的，托运人应提交危险货物装箱清单。

托运凭证运输的危险货物，托运人应提交相关证明文件，并在运单上注明。

货物交付时，双方应做到点收、点交，承运人查验合格后在运单上签字。

第45条　驾驶人员安全生产操作规程

企业应按照相关法律、法规、规章和标准制定驾驶人员安全生产操作规程，规程内容应包括出车前、运输中及运输过程结束后的操作要求。

第46条　押运人员安全操作规程

企业应依据相关法律、法规、规章和标准制定押运人员安全生产操作规程，规程内容应包括监督和检查装卸作业、出车前、运输中及运输过程结束后的操作要求。

第47条　装卸管理人员安全操作规程

企业应按照相关法律、法规、规章和标准制定装卸管理人员安全生产操作规程,规程内容应包括装卸前的要求、装卸中要求、装卸后要求等。装卸管理人员应按照操作规程进行操作。

第二节　运输过程监控

第 48 条　动态监控管理相关制度

道路运输企业应当建立健全动态监控管理相关制度,规范动态监控工作:(一)系统平台的建设、维护及管理制度;(二)车载终端安装、使用及维护制度;(三)监控人员岗位职责及管理制度;(四)交通违法动态信息处理和统计分析制度;(五)其他需要建立的制度。

第 49 条　道路运输车辆卫星定位系统平台

道路运输车辆卫星定位系统平台应当符合以下标准要求:(一)《道路运输车辆卫星定位系统平台技术要求》(JT/T 796—2011);(二)《道路运输车辆卫星定位系统终端通讯协议及数据格式》(JT/T 808—2011);(三)《道路运输车辆卫星定位系统平台数据交换》(JT/T 809—2011)。

车辆入网率、平台断线率等应满足《全国重点营运车辆联网联控系统考核管理办法》要求。

第 50 条　专职监控工作人员

企业应配备专职工作人员实施监控,专职人员经企业培训、考试合格后上岗。专职监控人员配置原则上按照监控平台每接入 100 辆车设 1 人的标准配备,最低不少于 2 人。

第 51 条　监控数据

监控人员应当实时分析、处理车辆行驶动态信息,及时提醒驾驶员纠正超速行驶、疲劳驾驶等违法行为,并记录存档至动态监控台账;对经提醒仍然继续违法驾驶的驾驶员,应当及时向企业安全管理机构报告,安全管理机构应当立即采取措施制止;对拒不执行制止措施仍然继续违法驾驶的,道路运输企业应当及时报告公安机关交通管理部门,并在事后解聘驾驶员。

动态监控数据应当至少保存 6 个月,违法驾驶信息及处理情况应当至少保存 3 年。对存在交通违法信息的驾驶员,道路运输企业在事后应当及时给予处理。

第三节　应急处置与事故处理

第 52 条　运输事故应急预案

企业应制定适用于本企业的应急预案,预案应符合《危险货物道路运输企业运输事故应急预案编制要求》(JT/T 911—2014)和相关法律、法规、规章及标准的要求。

第53条　应急培训

预案中应急培训至少应明确培训对象、培训内容、培训方式、培训频率和时间。

按照预案开展应急培训，有相关记录。

第54条　应急演练

企业应制定应急预案演练计划，至少应明确演练目标、内容、规模、参加演练的部门及人员、演练频次、评估、总结等。

按照预案组织应急演练（每年应至少一次），演练结束后对效果进行评审，撰写评估报告。

第55条　运输事故处置

在危险货物运输过程中发生燃烧、爆炸、污染、中毒或者被盗、丢失、流散、泄漏等事故，驾驶人员、押运人员应当立即根据应急预案和《道路运输危险货物安全卡》的要求采取应急处置措施，并向事故发生地公安部门、交通运输主管部门和本运输企业或者单位报告。运输企业或者单位接到事故报告后，应当按照本单位危险货物应急预案组织救援，并向事故发生地安全生产监督管理部门和环境保护、卫生主管部门报告。

事故报告应包括事故发生单位概况、事故发生时间、地点及现场情况、事故简要经过、事故已造成或可能造成的伤亡人数（包括下落不明、涉险的人数）、已经采取的措施等内容。

第56条　运输事故调查处理

事故调查处理应按照“四不放过”（事故原因未查明不放过、责任人未处理不放过、整改措施未落实不放过、有关人员未受到教育不放过）的原则进行处理。

第57条　运输事故总结

企业应在有关部门事故处理决定书送达后，写出事故处理的总结报告和整改措施。

第58条　运输事故统计

按照相关规定，准确、及时地填报安全生产责任事故统计报表，不得隐瞒不报、谎报、拖延不报。

第四节　安全生产监督检查

第59条　安全生产监督检查内容

安全生产监督检查的内容应包括：

a） 安全生产管理机构设置；

b） 各工作岗位职责落实；

c） 安全培训教育情况；

d） 车辆及设备设施安全技术状况；

e） 从业人员操作规程执行情况；

f） 事故隐患整改及应急预案演练；

g） 安全生产台账、档案保存；

h） 安全生产其他内容。

第60条 安全生产监督检查档案

安全生产监督检查档案或台账的记录要求应符合：检查日期、检查部位或场所、发现隐患的数量、类别和具体情况、整改措施或完成整改时间、检查现场照片、负责实施部门或人员及签名等。

附录2 《中华人民共和国安全生产法》

（中华人民共和国主席令第13号）

第一章 总 则

第一条 为了加强安全生产工作，防止和减少生产安全事故，保障人民群众生命和财产安全，促进经济社会持续健康发展，制定本法。

第二条 在中华人民共和国领域内从事生产经营活动的单位（以下统称生产经营单位）的安全生产，适用本法；有关法律、行政法规对消防安全和道路交通安全、铁路交通安全、水上交通安全、民用航空安全以及核与辐射安全、特种设备安全另有规定的，适用其规定。

第三条 安全生产工作应当以人为本，坚持安全发展，坚持安全第一、预防为主、综合治理的方针，强化和落实生产经营单位的主体责任，建立生产经营单位负责、职工参与、政府监管、行业自律和社会监督的机制。

第四条 生产经营单位必须遵守本法和其他有关安全生产的法律、法规，加强安全生产管理，建立、健全安全生产责任制和安全生产规章制度，改善安全生产条件，推进安全生产标准化建设，提高安全生产水平，确保安全生产。

第五条 生产经营单位的主要负责人对本单位的安全生产工作全面负责。

第六条 生产经营单位的从业人员有依法获得安全生产保障的权利，并应当依法履行安全生产方面的义务。

第七条 工会依法对安全生产工作进行监督。

生产经营单位的工会依法组织职工参加本单位安全生产工作的民主管理和民主监督，维护职工在安全生产方面的合法权益。生产经营单位制定或者修改有关安全生产的规章制度，应当听取工会的意见。

第八条 国务院和县级以上地方各级人民政府应当根据国民经济和社会发展规划制定安全生产规划，并组织实施。安全生产规划应当与城乡规划相衔接。

国务院和县级以上地方各级人民政府应当加强对安全生产工作的领导，支持、督促各有关部门依法履行安全生产监督管理职责，建立健全安全生产工作协调机制，及时协调、解决安全生产监督管理中存在的重大问题。

乡、镇人民政府以及街道办事处、开发区管理机构等地方人民政府的派出机关应当按照职责，加强对本行政区域内生产经营单位安全生产状况的监督检查，协助上级人民政府有关部门依法履行安全生产监督管理职责。

第九条 国务院安全生产监督管理部门依照本法，对全国安全生产工作实施综合监督管理；县级以上地方各级人民政府安全生产监督管理部门依照本法，对本行政区域内安全生产工作实施综合监督管理。

国务院有关部门依照本法和其他有关法律、行政法规的规定，在各自的职责范围内对有关行业、领域的安全生产工作实施监督管理；县级以上地方各级人民政府有关部门依照本法和其他有关法律、法规的规定，在各自的职责范围内对有关行业、领域的安全生产工作实施监督管理。

安全生产监督管理部门和对有关行业、领域的安全生产工作实施监督管理的部门，统称负有安全生产监督管理职责的部门。

第十条 国务院有关部门应当按照保障安全生产的要求，依法及时制定有关的国家标准或者行业标准，并根据科技进步和经济发展适时修订。

生产经营单位必须执行依法制定的保障安全生产的国家标准或者行业标准。

第十一条 各级人民政府及其有关部门应当采取多种形式，加强对有关安全生产的法律、法规和安全生产知识的宣传，增强全社会的安全生产意识。

第十二条 有关协会组织依照法律、行政法规和章程，为生产经营单位提供安全生产方面的信息、培训等服务，发挥自律作用，促进生产经营单位加强安全生产管理。

第十三条 依法设立的为安全生产提供技术、管理服务的机构，依照法律、行政法规和执业准则，接受生产经营单位的委托为其安全生产工作提供技术、管理服务。

生产经营单位委托前款规定的机构提供安全生产技术、管理服务的，保证安全生产的责任仍由本单位负责。

第十四条 国家实行生产安全事故责任追究制度，依照本法和有关法律、法规的规定，追究生产安全事故责任人员的法律责任。

第十五条 国家鼓励和支持安全生产科学技术研究和安全生产先进技术的推广应用，提高安全生产水平。

第十六条 国家对在改善安全生产条件、防止生产安全事故、参加抢险救护等方面取得显著成绩的单位和个人，给予奖励。

第二章　生产经营单位的安全生产保障

第十七条　生产经营单位应当具备本法和有关法律、行政法规和国家标准或者行业标准规定的安全生产条件；不具备安全生产条件的，不得从事生产经营活动。

第十八条　生产经营单位的主要负责人对本单位安全生产工作负有下列职责：

(一)建立、健全本单位安全生产责任制；

(二)组织制定本单位安全生产规章制度和操作规程；

(三)组织制定并实施本单位安全生产教育和培训计划；

(四)保证本单位安全生产投入的有效实施；

(五)督促、检查本单位的安全生产工作，及时消除生产安全事故隐患；

(六)组织制定并实施本单位的生产安全事故应急救援预案；

(七)及时、如实报告生产安全事故。

第十九条　生产经营单位的安全生产责任制应当明确各岗位的责任人员、责任范围和考核标准等内容。

生产经营单位应当建立相应的机制，加强对安全生产责任制落实情况的监督考核，保证安全生产责任制的落实。

第二十条　生产经营单位应当具备的安全生产条件所必需的资金投入，由生产经营单位的决策机构、主要负责人或者个人经营的投资人予以保证，并对由于安全生产所必需的资金投入不足导致的后果承担责任。

有关生产经营单位应当按照规定提取和使用安全生产费用，专门用于改善安全生产条件。安全生产费用在成本中据实列支。安全生产费用提取、使用和监督管理的具体办法由国务院财政部门会同国务院安全生产监督管理部门征求国务院有关部门意见后制定。

第二十一条　矿山、金属冶炼、建筑施工、道路运输单位和危险物品的生产、经营、储存单位，应当设置安全生产管理机构或者配备专职安全生产管理人员。

前款规定以外的其他生产经营单位，从业人员超过一百人的，应当设置安全生产管理机构或者配备专职安全生产管理人员；从业人员在一百人以下的，应当配备专职或者兼职的安全生产管理人员。

第二十二条　生产经营单位的安全生产管理机构以及安全生产管理人员履行下列职责：

（一）组织或者参与拟订本单位安全生产规章制度、操作规程和生产安全事故应急救援预案；

（二）组织或者参与本单位安全生产教育和培训，如实记录安全生产教育和培训情况；

（三）督促落实本单位重大危险源的安全管理措施；

（四）组织或者参与本单位应急救援演练；

（五）检查本单位的安全生产状况，及时排查生产安全事故隐患，提出改进安全生产管理的建议；

（六）制止和纠正违章指挥、强令冒险作业、违反操作规程的行为；

（七）督促落实本单位安全生产整改措施。

第二十三条 生产经营单位的安全生产管理机构以及安全生产管理人员应当恪尽职守，依法履行职责。

生产经营单位作出涉及安全生产的经营决策，应当听取安全生产管理机构以及安全生产管理人员的意见。

生产经营单位不得因安全生产管理人员依法履行职责而降低其工资、福利等待遇或者解除与其订立的劳动合同。

危险物品的生产、储存单位以及矿山、金属冶炼单位的安全生产管理人员的任免，应当告知主管的负有安全生产监督管理职责的部门。

第二十四条 生产经营单位的主要负责人和安全生产管理人员必须具备与本单位所从事的生产经营活动相应的安全生产知识和管理能力。

危险物品的生产、经营、储存单位以及矿山、金属冶炼、建筑施工、道路运输单位的主要负责人和安全生产管理人员，应当由主管的负有安全生产监督管理职责的部门对其安全生产知识和管理能力考核合格。考核不得收费。

危险物品的生产、储存单位以及矿山、金属冶炼单位应当有注册安全工程师从事安全生产管理工作。鼓励其他生产经营单位聘用注册安全工程师从事安全生产管理工作。注册安全工程师按专业分类管理，具体办法由国务院人力资源和社会保障部门、国务院安全生产监督管理部门会同国务院有关部门制定。

第二十五条 生产经营单位应当对从业人员进行安全生产教育和培训，保证从业人员具备必要的安全生产知识，熟悉有关的安全生产规章制度和安全操作规程，掌握本岗位的安全操作技能，了解事故应急处理措施，知悉自身在安全生产方面的权利和义务。未经安全生产教育和培训合格的从业人员，不得上岗作业。

生产经营单位使用被派遣劳动者的，应当将被派遣劳动者纳入本单位从业人员统一管理，对被派遣劳动者进行岗位安全操作规程和安全操作技能的教育和培训。劳务派遣单位应当对被派遣劳动者进行必要的安全生产教育和培训。

生产经营单位接收中等职业学校、高等学校学生实习的，应当对实习学生进行相应的安全生产教育和培训，提供必要的劳动防护用品。学校应当协助生产经营单位对实习学生进行安全生产教育和培训。

生产经营单位应当建立安全生产教育和培训档案，如实记录安全生产教育和培训的时间、内容、参加人员以及考核结果等情况。

第二十六条　生产经营单位采用新工艺、新技术、新材料或者使用新设备，必须了解、掌握其安全技术特性，采取有效的安全防护措施，并对从业人员进行专门的安全生产教育和培训。

第二十七条　生产经营单位的特种作业人员必须按照国家有关规定经专门的安全作业培训，取得相应资格，方可上岗作业。

特种作业人员的范围由国务院安全生产监督管理部门会同国务院有关部门确定。

第二十八条　生产经营单位新建、改建、扩建工程项目（以下统称建设项目）的安全设施，必须与主体工程同时设计、同时施工、同时投入生产和使用。安全设施投资应当纳入建设项目概算。

第二十九条　矿山、金属冶炼建设项目和用于生产、储存、装卸危险物品的建设项目，应当按照国家有关规定进行安全评价。

第三十条　建设项目安全设施的设计人、设计单位应当对安全设施设计负责。

矿山、金属冶炼建设项目和用于生产、储存、装卸危险物品的建设项目的安全设施设计应当按照国家有关规定报经有关部门审查，审查部门及其负责审查的人员对审查结果负责。

第三十一条　矿山、金属冶炼建设项目和用于生产、储存、装卸危险物品的建设项目的施工单位必须按照批准的安全设施设计施工，并对安全设施的工程质量负责。

矿山、金属冶炼建设项目和用于生产、储存危险物品的建设项目竣工投入生产或者使用前，应当由建设单位负责组织对安全设施进行验收；验收合格后，方可投入生产和使用。安全生产监督管理部门应当加强对建设单位验收活动和验收结果的监督核查。

第三十二条 生产经营单位应当在有较大危险因素的生产经营场所和有关设施、设备上，设置明显的安全警示标志。

第三十三条 安全设备的设计、制造、安装、使用、检测、维修、改造和报废，应当符合国家标准或者行业标准。

生产经营单位必须对安全设备进行经常性维护、保养，并定期检测，保证正常运转。维护、保养、检测应当作好记录，并由有关人员签字。

第三十四条 生产经营单位使用的危险物品的容器、运输工具，以及涉及人身安全、危险性较大的海洋石油开采特种设备和矿山井下特种设备，必须按照国家有关规定，由专业生产单位生产，并经具有专业资质的检测、检验机构检测、检验合格，取得安全使用证或者安全标志，方可投入使用。检测、检验机构对检测、检验结果负责。

第三十五条 国家对严重危及生产安全的工艺、设备实行淘汰制度，具体目录由国务院安全生产监督管理部门会同国务院有关部门制定并公布。法律、行政法规对目录的制定另有规定的，适用其规定。

省、自治区、直辖市人民政府可以根据本地区实际情况制定并公布具体目录，对前款规定以外的危及生产安全的工艺、设备予以淘汰。

生产经营单位不得使用应当淘汰的危及生产安全的工艺、设备。

第三十六条 生产、经营、运输、储存、使用危险物品或者处置废弃危险物品的，由有关主管部门依照有关法律、法规的规定和国家标准或者行业标准审批并实施监督管理。

生产经营单位生产、经营、运输、储存、使用危险物品或者处置废弃危险物品，必须执行有关法律、法规和国家标准或者行业标准，建立专门的安全管理制度，采取可靠的安全措施，接受有关主管部门依法实施的监督管理。

第三十七条 生产经营单位对重大危险源应当登记建档，进行定期检测、评估、监控，并制定应急预案，告知从业人员和相关人员在紧急情况下应当采取的应急措施。

生产经营单位应当按照国家有关规定将本单位重大危险源及有关安全措施、应急措施报有关地方人民政府安全生产监督管理部门和有关部门备案。

第三十八条 生产经营单位应当建立健全生产安全事故隐患排查治理制度，采取技术、管理措施，及时发现并消除事故隐患。事故隐患排查治理情况应当如实记录，并向从业人员通报。

县级以上地方各级人民政府负有安全生产监督管理职责的部门应当建立健

全重大事故隐患治理督办制度,督促生产经营单位消除重大事故隐患。

第三十九条 生产、经营、储存、使用危险物品的车间、商店、仓库不得与员工宿舍在同一座建筑物内,并应当与员工宿舍保持安全距离。

生产经营场所和员工宿舍应当设有符合紧急疏散要求、标志明显、保持畅通的出口。禁止锁闭、封堵生产经营场所或者员工宿舍的出口。

第四十条 生产经营单位进行爆破、吊装以及国务院安全生产监督管理部门会同国务院有关部门规定的其他危险作业,应当安排专门人员进行现场安全管理,确保操作规程的遵守和安全措施的落实。

第四十一条 生产经营单位应当教育和督促从业人员严格执行本单位的安全生产规章制度和安全操作规程;并向从业人员如实告知作业场所和工作岗位存在的危险因素、防范措施以及事故应急措施。

第四十二条 生产经营单位必须为从业人员提供符合国家标准或者行业标准的劳动防护用品,并监督、教育从业人员按照使用规则佩戴、使用。

第四十三条 生产经营单位的安全生产管理人员应当根据本单位的生产经营特点,对安全生产状况进行经常性检查;对检查中发现的安全问题,应当立即处理;不能处理的,应当及时报告本单位有关负责人,有关负责人应当及时处理。检查及处理情况应当如实记录在案。

生产经营单位的安全生产管理人员在检查中发现重大事故隐患,依照前款规定向本单位有关负责人报告,有关负责人不及时处理的,安全生产管理人员可以向主管的负有安全生产监督管理职责的部门报告,接到报告的部门应当依法及时处理。

第四十四条 生产经营单位应当安排用于配备劳动防护用品、进行安全生产培训的经费。

第四十五条 两个以上生产经营单位在同一作业区域内进行生产经营活动,可能危及对方生产安全的,应当签订安全生产管理协议,明确各自的安全生产管理职责和应当采取的安全措施,并指定专职安全生产管理人员进行安全检查与协调。

第四十六条 生产经营单位不得将生产经营项目、场所、设备发包或者出租给不具备安全生产条件或者相应资质的单位或者个人。

生产经营项目、场所发包或者出租给其他单位的,生产经营单位应当与承包单位、承租单位签订专门的安全生产管理协议,或者在承包合同、租赁合同中约定各自的安全生产管理职责;生产经营单位对承包单位、承租单位的安全生产工作统一协调、管理，定期进行安全检查，发现安全问题的，应当及时督促整改。

第四十七条 生产经营单位发生生产安全事故时，单位的主要负责人应当立即组织抢救，并不得在事故调查处理期间擅离职守。

第四十八条 生产经营单位必须依法参加工伤保险，为从业人员缴纳保险费。

国家鼓励生产经营单位投保安全生产责任保险。

第三章 从业人员的安全生产权利义务

第四十九条 生产经营单位与从业人员订立的劳动合同，应当载明有关保障从业人员劳动安全、防止职业危害的事项，以及依法为从业人员办理工伤保险的事项。

生产经营单位不得以任何形式与从业人员订立协议，免除或者减轻其对从业人员因生产安全事故伤亡依法应承担的责任。

第五十条 生产经营单位的从业人员有权了解其作业场所和工作岗位存在的危险因素、防范措施及事故应急措施，有权对本单位的安全生产工作提出建议。

第五十一条 从业人员有权对本单位安全生产工作中存在的问题提出批评、检举、控告；有权拒绝违章指挥和强令冒险作业。

生产经营单位不得因从业人员对本单位安全生产工作提出批评、检举、控告或者拒绝违章指挥、强令冒险作业而降低其工资、福利等待遇或者解除与其订立的劳动合同。

第五十二条 从业人员发现直接危及人身安全的紧急情况时，有权停止作业或者在采取可能的应急措施后撤离作业场所。

生产经营单位不得因从业人员在前款紧急情况下停止作业或者采取紧急撤离措施而降低其工资、福利等待遇或者解除与其订立的劳动合同。

第五十三条 因生产安全事故受到损害的从业人员，除依法享有工伤保险外，依照有关民事法律尚有获得赔偿的权利的，有权向本单位提出赔偿要求。

第五十四条 从业人员在作业过程中，应当严格遵守本单位的安全生产规章制度和操作规程，服从管理，正确佩戴和使用劳动防护用品。

第五十五条 从业人员应当接受安全生产教育和培训，掌握本职工作所需的安全生产知识，提高安全生产技能，增强事故预防和应急处理能力。

第五十六条 从业人员发现事故隐患或者其他不安全因素，应当立即向现场安全生产管理人员或者本单位负责人报告;接到报告的人员应当及时予以处理。

第五十七条 工会有权对建设项目的安全设施与主体工程同时设计、同时施工、同时投入生产和使用进行监督,提出意见。

工会对生产经营单位违反安全生产法律、法规,侵犯从业人员合法权益的行为,有权要求纠正;发现生产经营单位违章指挥、强令冒险作业或者发现事故隐患时,有权提出解决的建议,生产经营单位应当及时研究答复;发现危及从业人员生命安全的情况时,有权向生产经营单位建议组织从业人员撤离危险场所,生产经营单位必须立即作出处理。

工会有权依法参加事故调查,向有关部门提出处理意见,并要求追究有关人员的责任。

第五十八条 生产经营单位使用被派遣劳动者的,被派遣劳动者享有本法规定的从业人员的权利,并应当履行本法规定的从业人员的义务。

第四章 安全生产的监督管理

第五十九条 县级以上地方各级人民政府应当根据本行政区域内的安全生产状况,组织有关部门按照职责分工,对本行政区域内容易发生重大生产安全事故的生产经营单位进行严格检查。

安全生产监督管理部门应当按照分类分级监督管理的要求,制定安全生产年度监督检查计划,并按照年度监督检查计划进行监督检查,发现事故隐患,应当及时处理。

第六十条 负有安全生产监督管理职责的部门依照有关法律、法规的规定,对涉及安全生产的事项需要审查批准(包括批准、核准、许可、注册、认证、颁发证照等,下同)或者验收的,必须严格依照有关法律、法规和国家标准或者行业标准规定的安全生产条件和程序进行审查;不符合有关法律、法规和国家标准或者行业标准规定的安全生产条件的,不得批准或者验收通过。对未依法取得批准或者验收合格的单位擅自从事有关活动的,负责行政审批的部门发现或者接到举报后应当立即予以取缔,并依法予以处理。对已经依法取得批准的单位,负责行政审批的部门发现其不再具备安全生产条件的,应当撤销原批准。

第六十一条 负有安全生产监督管理职责的部门对涉及安全生产的事项进行审查、验收,不得收取费用;不得要求接受审查、验收的单位购买其指定品牌或者指定生产、销售单位的安全设备、器材或者其他产品。

第六十二条　安全生产监督管理部门和其他负有安全生产监督管理职责的部门依法开展安全生产行政执法工作，对生产经营单位执行有关安全生产的法律、法规和国家标准或者行业标准的情况进行监督检查，行使以下职权：

（一）进入生产经营单位进行检查，调阅有关资料，向有关单位和人员了解情况；

（二）对检查中发现的安全生产违法行为，当场予以纠正或者要求限期改正；对依法应当给予行政处罚的行为，依照本法和其他有关法律、行政法规的规定作出行政处罚决定；

（三）对检查中发现的事故隐患，应当责令立即排除；重大事故隐患排除前或者排除过程中无法保证安全的，应当责令从危险区域内撤出作业人员，责令暂时停产停业或者停止使用相关设施、设备；重大事故隐患排除后，经审查同意，方可恢复生产经营和使用；

（四）对有根据认为不符合保障安全生产的国家标准或者行业标准的设施、设备、器材以及违法生产、储存、使用、经营、运输的危险物品予以查封或者扣押，对违法生产、储存、使用、经营危险物品的作业场所予以查封，并依法作出处理决定。

监督检查不得影响被检查单位的正常生产经营活动。

第六十三条　生产经营单位对负有安全生产监督管理职责的部门的监督检查人员（以下统称安全生产监督检查人员）依法履行监督检查职责，应当予以配合，不得拒绝、阻挠。

第六十四条　安全生产监督检查人员应当忠于职守，坚持原则，秉公执法。

安全生产监督检查人员执行监督检查任务时，必须出示有效的监督执法证件；对涉及被检查单位的技术秘密和业务秘密，应当为其保密。

第六十五条　安全生产监督检查人员应当将检查的时间、地点、内容、发现的问题及其处理情况，作出书面记录，并由检查人员和被检查单位的负责人签字；被检查单位的负责人拒绝签字的，检查人员应当将情况记录在案，并向负有安全生产监督管理职责的部门报告。

第六十六条　负有安全生产监督管理职责的部门在监督检查中，应当互相配合，实行联合检查；确需分别进行检查的，应当互通情况，发现存在的安全问题应当由其他有关部门进行处理的，应当及时移送其他有关部门并形成记录备查，接受移送的部门应当及时进行处理。

第六十七条　负有安全生产监督管理职责的部门依法对存在重大事故隐患

的生产经营单位作出停产停业、停止施工、停止使用相关设施或者设备的决定，生产经营单位应当依法执行，及时消除事故隐患。生产经营单位拒不执行，有发生生产安全事故的现实危险的，在保证安全的前提下，经本部门主要负责人批准，负有安全生产监督管理职责的部门可以采取通知有关单位停止供电、停止供应民用爆炸物品等措施，强制生产经营单位履行决定。通知应当采用书面形式，有关单位应当予以配合。

负有安全生产监督管理职责的部门依照前款规定采取停止供电措施，除有危及生产安全的紧急情形外，应当提前二十四小时通知生产经营单位。生产经营单位依法履行行政决定、采取相应措施消除事故隐患的，负有安全生产监督管理职责的部门应当及时解除前款规定的措施。

第六十八条 监察机关依照行政监察法的规定，对负有安全生产监督管理职责的部门及其工作人员履行安全生产监督管理职责实施监察。

第六十九条 承担安全评价、认证、检测、检验的机构应当具备国家规定的资质条件，并对其作出的安全评价、认证、检测、检验的结果负责。

第七十条 负有安全生产监督管理职责的部门应当建立举报制度，公开举报电话、信箱或者电子邮件地址，受理有关安全生产的举报；受理的举报事项经调查核实后，应当形成书面材料；需要落实整改措施的，报经有关负责人签字并督促落实。

第七十一条 任何单位或者个人对事故隐患或者安全生产违法行为，均有权向负有安全生产监督管理职责的部门报告或者举报。

第七十二条 居民委员会、村民委员会发现其所在区域内的生产经营单位存在事故隐患或者安全生产违法行为时，应当向当地人民政府或者有关部门报告。

第七十三条 县级以上各级人民政府及其有关部门对报告重大事故隐患或者举报安全生产违法行为的有功人员，给予奖励。具体奖励办法由国务院安全生产监督管理部门会同国务院财政部门制定。

第七十四条 新闻、出版、广播、电影、电视等单位有进行安全生产公益宣传教育的义务，有对违反安全生产法律、法规的行为进行舆论监督的权利。

第七十五条 负有安全生产监督管理职责的部门应当建立安全生产违法行为信息库，如实记录生产经营单位的安全生产违法行为信息；对违法行为情节严重的生产经营单位，应当向社会公告，并通报行业主管部门、投资主管部门、国土资源主管部门、证券监督管理机构以及有关金融机构。

第五章 生产安全事故的应急救援与调查处理

第七十六条 国家加强生产安全事故应急能力建设,在重点行业、领域建立应急救援基地和应急救援队伍,鼓励生产经营单位和其他社会力量建立应急救援队伍,配备相应的应急救援装备和物资,提高应急救援的专业化水平。

国务院安全生产监督管理部门建立全国统一的生产安全事故应急救援信息系统,国务院有关部门建立健全相关行业、领域的生产安全事故应急救援信息系统。

第七十七条 县级以上地方各级人民政府应当组织有关部门制定本行政区域内生产安全事故应急救援预案,建立应急救援体系。

第七十八条 生产经营单位应当制定本单位生产安全事故应急救援预案,与所在地县级以上地方人民政府组织制定的生产安全事故应急救援预案相衔接,并定期组织演练。

第七十九条 危险物品的生产、经营、储存单位以及矿山、金属冶炼、城市轨道交通运营、建筑施工单位应当建立应急救援组织;生产经营规模较小的,可以不建立应急救援组织,但应当指定兼职的应急救援人员。

危险物品的生产、经营、储存、运输单位以及矿山、金属冶炼、城市轨道交通运营、建筑施工单位应当配备必要的应急救援器材、设备和物资,并进行经常性维护、保养,保证正常运转。

第八十条 生产经营单位发生生产安全事故后,事故现场有关人员应当立即报告本单位负责人。

单位负责人接到事故报告后,应当迅速采取有效措施,组织抢救,防止事故扩大,减少人员伤亡和财产损失,并按照国家有关规定立即如实报告当地负有安全生产监督管理职责的部门,不得隐瞒不报、谎报或者迟报,不得故意破坏事故现场、毁灭有关证据。

第八十一条 负有安全生产监督管理职责的部门接到事故报告后,应当立即按照国家有关规定上报事故情况。负有安全生产监督管理职责的部门和有关地方人民政府对事故情况不得隐瞒不报、谎报或者迟报。

第八十二条 有关地方人民政府和负有安全生产监督管理职责的部门的负责人接到生产安全事故报告后,应当按照生产安全事故应急救援预案的要求立即赶到事故现场,组织事故抢救。

参与事故抢救的部门和单位应当服从统一指挥,加强协同联动,采取有效的应急救援措施,并根据事故救援的需要采取警戒、疏散等措施,防止事故扩大和次生灾害的发生,减少人员伤亡和财产损失。

事故抢救过程中应当采取必要措施,避免或者减少对环境造成的危害。

任何单位和个人都应当支持、配合事故抢救,并提供一切便利条件。

第八十三条 事故调查处理应当按照科学严谨、依法依规、实事求是、注重实效的原则,及时、准确地查清事故原因,查明事故性质和责任,总结事故教训,提出整改措施,并对事故责任者提出处理意见。事故调查报告应当依法及时向社会公布。事故调查和处理的具体办法由国务院制定。

事故发生单位应当及时全面落实整改措施,负有安全生产监督管理职责的部门应当加强监督检查。

第八十四条 生产经营单位发生生产安全事故,经调查确定为责任事故的,除了应当查明事故单位的责任并依法予以追究外,还应当查明对安全生产的有关事项负有审查批准和监督职责的行政部门的责任,对有失职、渎职行为的,依照本法第八十七条的规定追究法律责任。

第八十五条 任何单位和个人不得阻挠和干涉对事故的依法调查处理。

第八十六条 县级以上地方各级人民政府安全生产监督管理部门应当定期统计分析本行政区域内发生生产安全事故的情况,并定期向社会公布。

第六章 法律责任

第八十七条 负有安全生产监督管理职责的部门的工作人员,有下列行为之一的,给予降级或者撤职的处分;构成犯罪的,依照刑法有关规定追究刑事责任:

(一)对不符合法定安全生产条件的涉及安全生产的事项予以批准或者验收通过的;

(二)发现未依法取得批准、验收的单位擅自从事有关活动或者接到举报后不予取缔或者不依法予以处理的;

(三)对已经依法取得批准的单位不履行监督管理职责,发现其不再具备安全生产条件而不撤销原批准或者发现安全生产违法行为不予查处的;

(四)在监督检查中发现重大事故隐患,不依法及时处理的。

负有安全生产监督管理职责的部门的工作人员有前款规定以外的滥用职权、玩忽职守、徇私舞弊行为的,依法给予处分;构成犯罪的,依照刑法有关规定追究刑事责任。

第八十八条 负有安全生产监督管理职责的部门，要求被审查、验收的单位购买其指定的安全设备、器材或者其他产品的，在对安全生产事项的审查、验收中收取费用的，由其上级机关或者监察机关责令改正，责令退还收取的费用；情节严重的，对直接负责的主管人员和其他直接责任人员依法给予处分。

第八十九条 承担安全评价、认证、检测、检验工作的机构，出具虚假证明的，没收违法所得；违法所得在十万元以上的，并处违法所得二倍以上五倍以下的罚款；没有违法所得或者违法所得不足十万元的，单处或者并处十万元以上二十万元以下的罚款；对其直接负责的主管人员和其他直接责任人员处二万元以上五万元以下的罚款；给他人造成损害的，与生产经营单位承担连带赔偿责任；构成犯罪的，依照刑法有关规定追究刑事责任。

对有前款违法行为的机构，吊销其相应资质。

第九十条 生产经营单位的决策机构、主要负责人或者个人经营的投资人不依照本法规定保证安全生产所必需的资金投入，致使生产经营单位不具备安全生产条件的，责令限期改正，提供必需的资金；逾期未改正的，责令生产经营单位停产停业整顿。

有前款违法行为，导致发生生产安全事故的，对生产经营单位的主要负责人给予撤职处分，对个人经营的投资人处二万元以上二十万元以下的罚款；构成犯罪的，依照刑法有关规定追究刑事责任。

第九十一条 生产经营单位的主要负责人未履行本法规定的安全生产管理职责的，责令限期改正；逾期未改正的，处二万元以上五万元以下的罚款，责令生产经营单位停产停业整顿。

生产经营单位的主要负责人有前款违法行为，导致发生生产安全事故的，给予撤职处分；构成犯罪的，依照刑法有关规定追究刑事责任。

生产经营单位的主要负责人依照前款规定受刑事处罚或者撤职处分的，自刑罚执行完毕或者受处分之日起，五年内不得担任任何生产经营单位的主要负责人；对重大、特别重大生产安全事故负有责任的，终身不得担任本行业生产经营单位的主要负责人。

第九十二条 生产经营单位的主要负责人未履行本法规定的安全生产管理职责，导致发生生产安全事故的，由安全生产监督管理部门依照下列规定处以罚款：

（一）发生一般事故的，处上一年年收入百分之三十的罚款；

（二）发生较大事故的，处上一年年收入百分之四十的罚款；

（三）发生重大事故的，处上一年年收入百分之六十的罚款；

（四）发生特别重大事故的，处上一年年收入百分之八十的罚款。

第九十三条 生产经营单位的安全生产管理人员未履行本法规定的安全生产管理职责的，责令限期改正；导致发生生产安全事故的，暂停或者撤销其与安全生产有关的资格；构成犯罪的，依照刑法有关规定追究刑事责任。

第九十四条 生产经营单位有下列行为之一的，责令限期改正，可以处五万元以下的罚款；逾期未改正的，责令停产停业整顿，并处五万元以上十万元以下的罚款，对其直接负责的主管人员和其他直接责任人员处一万元以上二万元以下的罚款：

（一）未按照规定设置安全生产管理机构或者配备安全生产管理人员的；

（二）危险物品的生产、经营、储存单位以及矿山、金属冶炼、建筑施工、道路运输单位的主要负责人和安全生产管理人员未按照规定经考核合格的；

（三）未按照规定对从业人员、被派遣劳动者、实习学生进行安全生产教育和培训，或者未按照规定如实告知有关的安全生产事项的；

（四）未如实记录安全生产教育和培训情况的；

（五）未将事故隐患排查治理情况如实记录或者未向从业人员通报的；

（六）未按照规定制定生产安全事故应急救援预案或者未定期组织演练的；

（七）特种作业人员未按照规定经专门的安全作业培训并取得相应资格，上岗作业的。

第九十五条 生产经营单位有下列行为之一的，责令停止建设或者停产停业整顿，限期改正；逾期未改正的，处五十万元以上一百万元以下的罚款，对其直接负责的主管人员和其他直接责任人员处二万元以上五万元以下的罚款；构成犯罪的，依照刑法有关规定追究刑事责任：

（一）未按照规定对矿山、金属冶炼建设项目或者用于生产、储存、装卸危险物品的建设项目进行安全评价的；

（二）矿山、金属冶炼建设项目或者用于生产、储存、装卸危险物品的建设项目没有安全设施设计或者安全设施设计未按照规定报经有关部门审查同意的；

（三）矿山、金属冶炼建设项目或者用于生产、储存、装卸危险物品的建设项目的施工单位未按照批准的安全设施设计施工的；

（四）矿山、金属冶炼建设项目或者用于生产、储存危险物品的建设项目竣工投入生产或者使用前，安全设施未经验收合格的。

第九十六条　生产经营单位有下列行为之一的，责令限期改正，可以处五万元以下的罚款；逾期未改正的，处五万元以上二十万元以下的罚款，对其直接负责的主管人员和其他直接责任人员处一万元以上二万元以下的罚款；情节严重的，责令停产停业整顿；构成犯罪的，依照刑法有关规定追究刑事责任：

（一）未在有较大危险因素的生产经营场所和有关设施、设备上设置明显的安全警示标志的；

（二）安全设备的安装、使用、检测、改造和报废不符合国家标准或者行业标准的；

（三）未对安全设备进行经常性维护、保养和定期检测的；

（四）未为从业人员提供符合国家标准或者行业标准的劳动防护用品的；

（五）危险物品的容器、运输工具，以及涉及人身安全、危险性较大的海洋石油开采特种设备和矿山井下特种设备未经具有专业资质的机构检测、检验合格，取得安全使用证或者安全标志，投入使用的；

（六）使用应当淘汰的危及生产安全的工艺、设备的。

第九十七条　未经依法批准，擅自生产、经营、运输、储存、使用危险物品或者处置废弃危险物品的，依照有关危险物品安全管理的法律、行政法规的规定予以处罚；构成犯罪的，依照刑法有关规定追究刑事责任。

第九十八条　生产经营单位有下列行为之一的，责令限期改正，可以处十万元以下的罚款；逾期未改正的，责令停产停业整顿，并处十万元以上二十万元以下的罚款，对其直接负责的主管人员和其他直接责任人员处二万元以上五万元以下的罚款；构成犯罪的，依照刑法有关规定追究刑事责任：

（一）生产、经营、运输、储存、使用危险物品或者处置废弃危险物品，未建立专门安全管理制度、未采取可靠的安全措施的；

（二）对重大危险源未登记建档，或者未进行评估、监控，或者未制定应急预案的；

（三）进行爆破、吊装以及国务院安全生产监督管理部门会同国务院有关部门规定的其他危险作业，未安排专门人员进行现场安全管理的；

（四）未建立事故隐患排查治理制度的。

第九十九条　生产经营单位未采取措施消除事故隐患的，责令立即消除或者限期消除；生产经营单位拒不执行的，责令停产停业整顿，并处十万元以上五十万元以下的罚款，对其直接负责的主管人员和其他直接责任人员处二万元以上五万元以下的罚款。

第一百条 生产经营单位将生产经营项目、场所、设备发包或者出租给不具备安全生产条件或者相应资质的单位或者个人的，责令限期改正，没收违法所得；违法所得十万元以上的，并处违法所得二倍以上五倍以下的罚款；没有违法所得或者违法所得不足十万元的，单处或者并处十万元以上二十万元以下的罚款；对其直接负责的主管人员和其他直接责任人员处一万元以上二万元以下的罚款；导致发生生产安全事故给他人造成损害的，与承包方、承租方承担连带赔偿责任。

生产经营单位未与承包单位、承租单位签订专门的安全生产管理协议或者未在承包合同、租赁合同中明确各自的安全生产管理职责，或者未对承包单位、承租单位的安全生产统一协调、管理的，责令限期改正，可以处五万元以下的罚款，对其直接负责的主管人员和其他直接责任人员可以处一万元以下的罚款；逾期未改正的，责令停产停业整顿。

第一百零一条 两个以上生产经营单位在同一作业区域内进行可能危及对方安全生产的生产经营活动，未签订安全生产管理协议或者未指定专职安全生产管理人员进行安全检查与协调的，责令限期改正，可以处五万元以下的罚款，对其直接负责的主管人员和其他直接责任人员可以处一万元以下的罚款；逾期未改正的，责令停产停业。

第一百零二条 生产经营单位有下列行为之一的，责令限期改正，可以处五万元以下的罚款，对其直接负责的主管人员和其他直接责任人员可以处一万元以下的罚款；逾期未改正的，责令停产停业整顿；构成犯罪的，依照刑法有关规定追究刑事责任：

（一）生产、经营、储存、使用危险物品的车间、商店、仓库与员工宿舍在同一座建筑内，或者与员工宿舍的距离不符合安全要求的；

（二）生产经营场所和员工宿舍未设有符合紧急疏散需要、标志明显、保持畅通的出口，或者锁闭、封堵生产经营场所或者员工宿舍出口的。

第一百零三条 生产经营单位与从业人员订立协议，免除或者减轻其对从业人员因生产安全事故伤亡依法应承担的责任的，该协议无效；对生产经营单位的主要负责人、个人经营的投资人处二万元以上十万元以下的罚款。

第一百零四条 生产经营单位的从业人员不服从管理，违反安全生产规章制度或者操作规程的，由生产经营单位给予批评教育，依照有关规章制度给予处分；构成犯罪的，依照刑法有关规定追究刑事责任。

第一百零五条 违反本法规定，生产经营单位拒绝、阻碍负有安全生产监督管理职责的部门依法实施监督检查的，责令改正；拒不改正的，处二万元以上二十万元以下的罚款；对其直接负责的主管人员和其他直接责任人员处一万元以上二万元以下的罚款；构成犯罪的，依照刑法有关规定追究刑事责任。

第一百零六条 生产经营单位的主要负责人在本单位发生生产安全事故时，不立即组织抢救或者在事故调查处理期间擅离职守或者逃匿的，给予降级、撤职的处分，并由安全生产监督管理部门处上一年年收入百分之六十至百分之一百的罚款；对逃匿的处十五日以下拘留；构成犯罪的，依照刑法有关规定追究刑事责任。

生产经营单位的主要负责人对生产安全事故隐瞒不报、谎报或者迟报的，依照前款规定处罚。

第一百零七条 有关地方人民政府、负有安全生产监督管理职责的部门，对生产安全事故隐瞒不报、谎报或者迟报的，对直接负责的主管人员和其他直接责任人员依法给予处分；构成犯罪的，依照刑法有关规定追究刑事责任。

第一百零八条 生产经营单位不具备本法和其他有关法律、行政法规和国家标准或者行业标准规定的安全生产条件，经停产停业整顿仍不具备安全生产条件的，予以关闭；有关部门应当依法吊销其有关证照。

第一百零九条 发生生产安全事故，对负有责任的生产经营单位除要求其依法承担相应的赔偿等责任外，由安全生产监督管理部门依照下列规定处以罚款：

（一）发生一般事故的，处二十万元以上五十万元以下的罚款；

（二）发生较大事故的，处五十万元以上一百万元以下的罚款；

（三）发生重大事故的，处一百万元以上五百万元以下的罚款；

（四）发生特别重大事故的，处五百万元以上一千万元以下的罚款；情节特别严重的，处一千万元以上二千万元以下的罚款。

第一百一十条 本法规定的行政处罚，由安全生产监督管理部门和其他负有安全生产监督管理职责的部门按照职责分工决定。予以关闭的行政处罚由负有安全生产监督管理职责的部门报请县级以上人民政府按照国务院规定的权限决定；给予拘留的行政处罚由公安机关依照治安管理处罚法的规定决定。

第一百一十一条 生产经营单位发生生产安全事故造成人员伤亡、他人财产损失的，应当依法承担赔偿责任；拒不承担或者其负责人逃匿的，由人民法院依法强制执行。

生产安全事故的责任人未依法承担赔偿责任，经人民法院依法采取执行措施后,仍不能对受害人给予足额赔偿的,应当继续履行赔偿义务;受害人发现责任人有其他财产的,可以随时请求人民法院执行。

第七章　附　　则

第一百一十二条　本法下列用语的含义:

危险物品,是指易燃易爆物品、危险化学品、放射性物品等能够危及人身安全和财产安全的物品。

重大危险源,是指长期地或者临时地生产、搬运、使用或者储存危险物品,且危险物品的数量等于或者超过临界量的单元(包括场所和设施)。

第一百一十三条　本法规定的生产安全一般事故、较大事故、重大事故、特别重大事故的划分标准由国务院规定。

国务院安全生产监督管理部门和其他负有安全生产监督管理职责的部门应当根据各自的职责分工,制定相关行业、领域重大事故隐患的判定标准。

第一百一十四条　本法自2014年12月1日起施行。

附录3 《道路危险货物运输管理规定》

（交通运输部令2013年第2号）

第一章 总 则

第一条 为规范道路危险货物运输市场秩序，保障人民生命财产安全，保护环境，维护道路危险货物运输各方当事人的合法权益，根据《中华人民共和国道路运输条例》和《危险化学品安全管理条例》等有关法律、行政法规，制定本规定。

第二条 从事道路危险货物运输活动，应当遵守本规定。军事危险货物运输除外。

法律、行政法规对民用爆炸物品、烟花爆竹、放射性物品等特定种类危险货物的道路运输另有规定的，从其规定。

第三条 本规定所称危险货物，是指具有爆炸、易燃、毒害、感染、腐蚀等危险特性，在生产、经营、运输、储存、使用和处置中，容易造成人身伤亡、财产损毁或者环境污染而需要特别防护的物质和物品。危险货物以列入国家标准《危险货物品名表》（GB 12268）的为准，未列入《危险货物品名表》的，以有关法律、行政法规的规定或者国务院有关部门公布的结果为准。

本规定所称道路危险货物运输，是指使用载货汽车通过道路运输危险货物的作业全过程。

本规定所称道路危险货物运输车辆，是指满足特定技术条件和要求，从事道路危险货物运输的载货汽车（以下简称专用车辆）。

第四条 危险货物的分类、分项、品名和品名编号应当按照国家标准《危险货物分类和品名编号》（GB 6944）、《危险货物品名表》（GB 12268）执行。危险货物的危险程度依据国家标准《危险货物运输包装通用技术条件》（GB 12463），分为Ⅰ、Ⅱ、Ⅲ等级。

第五条 从事道路危险货物运输应当保障安全，依法运输，诚实信用。

第六条 国家鼓励技术力量雄厚、设备和运输条件好的大型专业危险化学品生产企业从事道路危险货物运输，鼓励道路危险货物运输企业实行集约化、专业化经营，鼓励使用厢式、罐式和集装箱等专用车辆运输危险货物。

第七条 交通运输部主管全国道路危险货物运输管理工作。

县级以上地方人民政府交通运输主管部门负责组织领导本行政区域的道路危险货物运输管理工作。

县级以上道路运输管理机构负责具体实施道路危险货物运输管理工作。

第二章 道路危险货物运输许可

第八条 申请从事道路危险货物运输经营，应当具备下列条件：

（一）有符合下列要求的专用车辆及设备：

1. 自有专用车辆（挂车除外）5 辆以上；运输剧毒化学品、爆炸品的，自有专用车辆（挂车除外）10 辆以上。

2. 专用车辆技术性能符合国家标准《营运车辆综合性能要求和检验方法》（GB 18565）的要求；技术等级达到行业标准《营运车辆技术等级划分和评定要求》（JT/T 198）规定的一级技术等级。

3. 专用车辆外廓尺寸、轴荷和质量符合国家标准《道路车辆外廓尺寸、轴荷和质量限值》（GB 1589）的要求。

4. 专用车辆燃料消耗量符合行业标准《营运货车燃料消耗量限值及测量方法》（JT 719）的要求。

5. 配备有效的通讯工具。

6. 专用车辆应当安装具有行驶记录功能的卫星定位装置。

7. 运输剧毒化学品、爆炸品、易制爆危险化学品的，应当配备罐式、厢式专用车辆或者压力容器等专用容器。

8. 罐式专用车辆的罐体应当经质量检验部门检验合格，且罐体载货后总质量与专用车辆核定载质量相匹配。运输爆炸品、强腐蚀性危险货物的罐式专用车辆的罐体容积不得超过 20 立方米，运输剧毒化学品的罐式专用车辆的罐体容积不得超过 10 立方米，但符合国家有关标准的罐式集装箱除外。

9. 运输剧毒化学品、爆炸品、强腐蚀性危险货物的非罐式专用车辆，核定载质量不得超过 10 吨，但符合国家有关标准的集装箱运输专用车辆除外。

10. 配备与运输的危险货物性质相适应的安全防护、环境保护和消防设施设备。

（二）有符合下列要求的停车场地：

1. 自有或者租借期限为3年以上，且与经营范围、规模相适应的停车场地，停车场地应当位于企业注册地市级行政区域内。

2. 运输剧毒化学品、爆炸品专用车辆以及罐式专用车辆，数量为20辆（含）以下的，停车场地面积不低于车辆正投影面积的1.5倍，数量为20辆以上的，超过部分，每辆车的停车场地面积不低于车辆正投影面积；运输其他危险货物的，专用车辆数量为10辆（含）以下的，停车场地面积不低于车辆正投影面积的1.5倍；数量为10辆以上的，超过部分，每辆车的停车场地面积不低于车辆正投影面积。

3. 停车场地应当封闭并设立明显标志，不得妨碍居民生活和威胁公共安全。

（三）有符合下列要求的从业人员和安全管理人员：

1. 专用车辆的驾驶人员取得相应机动车驾驶证，年龄不超过60周岁。

2. 从事道路危险货物运输的驾驶人员、装卸管理人员、押运人员应当经所在地设区的市级人民政府交通运输主管部门考试合格，并取得相应的从业资格证；从事剧毒化学品、爆炸品道路运输的驾驶人员、装卸管理人员、押运人员，应当经考试合格，取得注明为"剧毒化学品运输"或者"爆炸品运输"类别的从业资格证。

3. 企业应当配备专职安全管理人员。

（四）有健全的安全生产管理制度：

1. 企业主要负责人、安全管理部门负责人、专职安全管理人员安全生产责任制度。

2. 从业人员安全生产责任制度。

3. 安全生产监督检查制度。

4. 安全生产教育培训制度。

5. 从业人员、专用车辆、设备及停车场地安全管理制度。

6. 应急救援预案制度。

7. 安全生产作业规程。

8. 安全生产考核与奖惩制度。

9. 安全事故报告、统计与处理制度。

第九条　符合下列条件的企事业单位，可以使用自备专用车辆从事为本单位服务的非经营性道路危险货物运输：

（一）属于下列企事业单位之一：

1. 省级以上安全生产监督管理部门批准设立的生产、使用、储存危险化学品的企业。

2. 有特殊需求的科研、军工等企事业单位。

(二)具备第八条规定的条件,但自有专用车辆(挂车除外)的数量可以少于5辆。

第十条 申请从事道路危险货物运输经营的企业,应当向所在地设区的市级道路运输管理机构提出申请,并提交以下材料:

(一)《道路危险货物运输经营申请表》,包括申请人基本信息、申请运输的危险货物范围(类别、项别或品名,如果为剧毒化学品应当标注"剧毒")等内容。

(二)拟担任企业法定代表人的投资人或者负责人的身份证明及其复印件,经办人身份证明及其复印件和书面委托书。

(三)企业章程文本。

(四)证明专用车辆、设备情况的材料,包括:

1. 未购置专用车辆、设备的,应当提交拟投入专用车辆、设备承诺书。承诺书内容应当包括车辆数量、类型、技术等级、总质量、核定载质量、车轴数以及车辆外廓尺寸;通讯工具和卫星定位装置配备情况;罐式专用车辆的罐体容积;罐式专用车辆罐体载货后的总质量与车辆核定载质量相匹配情况;运输剧毒化学品、爆炸品、易制爆危险化学品的专用车辆核定载质量等有关情况。承诺期限不得超过1年。

2. 已购置专用车辆、设备的,应当提供车辆行驶证、车辆技术等级证明或者车辆综合性能检测技术合格证明;通讯工具和卫星定位装置配备;罐式专用车辆的罐体检测合格证或者检测报告及复印件等有关材料。

(五)拟聘用专职安全管理人员、驾驶人员、装卸管理人员、押运人员的,应当提交拟聘用承诺书,承诺期限不得超过1年;已聘用的应当提交从业资格证及其复印件以及驾驶证及其复印件。

(六)停车场地的土地使用证、租借合同、场地平面图等材料。

(七)相关安全防护、环境保护、消防设施设备的配备情况清单。

(八)有关安全生产管理制度文本。

第十一条 申请从事非经营性道路危险货物运输的单位,向所在地设区的市级道路运输管理机构提出申请时,除提交第十条第(四)项至第(八)项规定的材料外,还应当提交以下材料:

(一)《道路危险货物运输申请表》,包括申请人基本信息、申请运输的物品范围(类别、项别或品名,如果为剧毒化学品应当标注“剧毒”)等内容。

(二)下列形式之一的单位基本情况证明:

1. 省级以上安全生产监督管理部门颁发的危险化学品生产、使用等证明。

2. 能证明科研、军工等企事业单位性质或者业务范围的有关材料。

(三)特殊运输需求的说明材料。

(四)经办人的身份证明及其复印件以及书面委托书。

第十二条 设区的市级道路运输管理机构应当按照《中华人民共和国道路运输条例》和《交通行政许可实施程序规定》,以及本规定所明确的程序和时限实施道路危险货物运输行政许可,并进行实地核查。

决定准予许可的,应当向被许可人出具《道路危险货物运输行政许可决定书》,注明许可事项,具体内容应当包括运输危险货物的范围(类别、项别或品名,如果为剧毒化学品应当标注“剧毒”),专用车辆数量、要求以及运输性质,并在10日内向道路危险货物运输经营申请人发放《道路运输经营许可证》,向非经营性道路危险货物运输申请人发放《道路危险货物运输许可证》。

市级道路运输管理机构应当将准予许可的企业或单位的许可事项等,及时以书面形式告知县级道路运输管理机构。

决定不予许可的,应当向申请人出具《不予交通行政许可决定书》。

第十三条 被许可人已获得其他道路运输经营许可的,设区的市级道路运输管理机构应当为其换发《道路运输经营许可证》,并在经营范围中加注新许可的事项。如果原《道路运输经营许可证》是由省级道路运输管理机构发放的,由原许可机关按照上述要求予以换发。

第十四条 被许可人应当按照承诺期限落实拟投入的专用车辆、设备。

原许可机关应当对被许可人落实的专用车辆、设备予以核实,对符合许可条件的专用车辆配发《道路运输证》,并在《道路运输证》经营范围栏内注明允许运输的危险货物类别、项别或者品名,如果为剧毒化学品应标注“剧毒”;对从事非经营性道路危险货物运输的车辆,还应当加盖“非经营性危险货物运输专用章”。

被许可人未在承诺期限内落实专用车辆、设备的,原许可机关应当撤销许可决定,并收回已核发的许可证明文件。

第十五条 被许可人应当按照承诺期限落实拟聘用的专职安全管理人员、驾驶人员、装卸管理人员和押运人员。

被许可人未在承诺期限内按照承诺聘用专职安全管理人员、驾驶人员、装卸管理人员和押运人员的，原许可机关应当撤销许可决定，并收回已核发的许可证明文件。

第十六条 道路运输管理机构不得许可一次性、临时性的道路危险货物运输。

第十七条 被许可人应当持《道路运输经营许可证》或者《道路危险货物运输许可证》依法向工商行政管理机关办理登记手续。

第十八条 中外合资、中外合作、外商独资形式投资道路危险货物运输的，应当同时遵守《外商投资道路运输业管理规定》。

第十九条 道路危险货物运输企业设立子公司从事道路危险货物运输的，应当向子公司注册地设区的市级道路运输管理机构申请运输许可。设立分公司的，应当向分公司注册地设区的市级道路运输管理机构备案。

第二十条 道路危险货物运输企业或者单位需要变更许可事项的，应当向原许可机关提出申请，按照本章有关许可的规定办理。

道路危险货物运输企业或者单位变更法定代表人、名称、地址等工商登记事项的，应当在30日内向原许可机关备案。

第二十一条 道路危险货物运输企业或者单位终止危险货物运输业务的，应当在终止之日的30日前告知原许可机关，并在停业后10日内将《道路运输经营许可证》或者《道路危险货物运输许可证》以及《道路运输证》交回原许可机关。

第三章 专用车辆、设备管理

第二十二条 道路危险货物运输企业或者单位应当按照《道路货物运输及站场管理规定》中有关车辆管理的规定，维护、检测、使用和管理专用车辆，确保专用车辆技术状况良好。

第二十三条 设区的市级道路运输管理机构应当定期对专用车辆进行审验，每年审验一次。审验按照《道路货物运输及站场管理规定》进行，并增加以下审验项目：

（一）专用车辆投保危险货物承运人责任险情况；

（二）必需的应急处理器材、安全防护设施设备和专用车辆标志的配备情况；

（三）具有行驶记录功能的卫星定位装置的配备情况。

第二十四条 禁止使用报废的、擅自改装的、检测不合格的、车辆技术等级达不到一级的和其他不符合国家规定的车辆从事道路危险货物运输。

除铰接列车、具有特殊装置的大型物件运输专用车辆外，严禁使用货车列车从事危险货物运输；倾卸式车辆只能运输散装硫磺、萘饼、粗蒽、煤焦沥青等危险货物。

禁止使用移动罐体（罐式集装箱除外）从事危险货物运输。

第二十五条 运输剧毒化学品、爆炸品专用车辆及罐式专用车辆（含罐式挂车）应当到具备道路危险货物运输车辆维修资质的企业进行维修。

牵引车以及其他专用车辆由企业自行消除危险货物的危害后，可到具备一般车辆维修资质的企业进行维修。

第二十六条 用于装卸危险货物的机械及工具的技术状况应当符合行业标准《汽车运输危险货物规则》（JT 617）规定的技术要求。

第二十七条 罐式专用车辆的常压罐体应当符合国家标准《道路运输液体危险货物罐式车辆第 1 部分：金属常压罐体技术要求》（GB 18564.1）、《道路运输液体危险货物罐式车辆第 2 部分：非金属常压罐体技术要求》（GB 18564.2）等有关技术要求。

使用压力容器运输危险货物的，应当符合国家特种设备安全监督管理部门制订并公布的《移动式压力容器安全技术监察规程》（TSG R0005）等有关技术要求。

压力容器和罐式专用车辆应当在质量检验部门出具的压力容器或者罐体检验合格的有效期内承运危险货物。

第二十八条 道路危险货物运输企业或者单位对重复使用的危险货物包装物、容器，在重复使用前应当进行检查；发现存在安全隐患的，应当维修或者更换。

道路危险货物运输企业或者单位应当对检查情况作出记录，记录的保存期限不得少于 2 年。

第二十九条 道路危险货物运输企业或者单位应当到具有污染物处理能力的机构对常压罐体进行清洗（置换）作业，将废气、污水等污染物集中收集，消除污染，不得随意排放，污染环境。

第四章 道路危险货物运输

第三十条 道路危险货物运输企业或者单位应当严格按照道路运输管理机构决定的许可事项从事道路危险货物运输活动，不得转让、出租道路危险货物运输许可证件。

严禁非经营性道路危险货物运输单位从事道路危险货物运输经营活动。

第三十一条 危险货物托运人应当委托具有道路危险货物运输资质的企业承运。

危险货物托运人应当对托运的危险货物种类、数量和承运人等相关信息予以记录,记录的保存期限不得少于1年。

第三十二条 危险货物托运人应当严格按照国家有关规定妥善包装并在外包装设置标志,并向承运人说明危险货物的品名、数量、危害、应急措施等情况。需要添加抑制剂或者稳定剂的,托运人应当按照规定添加,并告知承运人相关注意事项。

危险货物托运人托运危险化学品的,还应当提交与托运的危险化学品完全一致的安全技术说明书和安全标签。

第三十三条 不得使用罐式专用车辆或者运输有毒、感染性、腐蚀性危险货物的专用车辆运输普通货物。

其他专用车辆可以从事食品、生活用品、药品、医疗器具以外的普通货物运输,但应当由运输企业对专用车辆进行消除危害处理,确保不对普通货物造成污染、损害。

不得将危险货物与普通货物混装运输。

第三十四条 专用车辆应当按照国家标准《道路运输危险货物车辆标志》(GB 13392)的要求悬挂标志。

第三十五条 运输剧毒化学品、爆炸品的企业或者单位,应当配备专用停车区域,并设立明显的警示标牌。

第三十六条 专用车辆应当配备符合有关国家标准以及与所载运的危险货物相适应的应急处理器材和安全防护设备。

第三十七条 道路危险货物运输企业或者单位不得运输法律、行政法规禁止运输的货物。

法律、行政法规规定的限运、凭证运输货物,道路危险货物运输企业或者单位应当按照有关规定办理相关运输手续。

法律、行政法规规定托运人必须办理有关手续后方可运输的危险货物,道路危险货物运输企业应当查验有关手续齐全有效后方可承运。

第三十八条 道路危险货物运输企业或者单位应当采取必要措施,防止危险货物脱落、扬散、丢失以及燃烧、爆炸、泄漏等。

第三十九条 驾驶人员应当随车携带《道路运输证》。驾驶人员或者押运人员应当按照《汽车运输危险货物规则》(JT617)的要求,随车携带《道路运输危险货物安全卡》。

第四十条 在道路危险货物运输过程中,除驾驶人员外,还应当在专用车辆上配备押运人员,确保危险货物处于押运人员监管之下。

第四十一条 道路危险货物运输途中,驾驶人员不得随意停车。

因住宿或者发生影响正常运输的情况需要较长时间停车的,驾驶人员、押运人员应当设置警戒带,并采取相应的安全防范措施。

运输剧毒化学品或者易制爆危险化学品需要较长时间停车的,驾驶人员或者押运人员应当向当地公安机关报告。

第四十二条 危险货物的装卸作业应当遵守安全作业标准、规程和制度,并在装卸管理人员的现场指挥或者监控下进行。

危险货物运输托运人和承运人应当按照合同约定指派装卸管理人员;若合同未予约定,则由负责装卸作业的一方指派装卸管理人员。

第四十三条 驾驶人员、装卸管理人员和押运人员上岗时应当随身携带从业资格证。

第四十四条 严禁专用车辆违反国家有关规定超载、超限运输。

道路危险货物运输企业或者单位使用罐式专用车辆运输货物时,罐体载货后的总质量应当和专用车辆核定载质量相匹配;使用牵引车运输货物时,挂车载货后的总质量应当与牵引车的准牵引总质量相匹配。

第四十五条 道路危险货物运输企业或者单位应当要求驾驶人员和押运人员在运输危险货物时,严格遵守有关部门关于危险货物运输线路、时间、速度方面的有关规定,并遵守有关部门关于剧毒、爆炸危险品道路运输车辆在重大节假日通行高速公路的相关规定。

第四十六条 道路危险货物运输企业或者单位应当通过卫星定位监控平台或者监控终端及时纠正和处理超速行驶、疲劳驾驶、不按规定线路行驶等违法违规驾驶行为。

监控数据应当至少保存 3 个月,违法驾驶信息及处理情况应当至少保存 3 年。

第四十七条 道路危险货物运输从业人员必须熟悉有关安全生产的法规、技术标准和安全生产规章制度、安全操作规程,了解所装运危险货物的性质、危害特性、包装物或者容器的使用要求和发生意外事故时的处置措施,并严格执行

《汽车运输危险货物规则》(JT 617)、《汽车运输、装卸危险货物作业规程》(JT618)等标准,不得违章作业。

第四十八条 道路危险货物运输企业或者单位应当通过岗前培训、例会、定期学习等方式,对从业人员进行经常性安全生产、职业道德、业务知识和操作规程的教育培训。

第四十九条 道路危险货物运输企业或者单位应当加强安全生产管理,制定突发事件应急预案,配备应急救援人员和必要的应急救援器材、设备,并定期组织应急救援演练,严格落实各项安全制度。

第五十条 道路危险货物运输企业或者单位应当委托具备资质条件的机构,对本企业或单位的安全管理情况每3年至少进行一次安全评估,出具安全评估报告。

第五十一条 在危险货物运输过程中发生燃烧、爆炸、污染、中毒或者被盗、丢失、流散、泄漏等事故,驾驶人员、押运人员应当立即根据应急预案和《道路运输危险货物安全卡》的要求采取应急处置措施,并向事故发生地公安部门、交通运输主管部门和本运输企业或者单位报告。运输企业或者单位接到事故报告后,应当按照本单位危险货物应急预案组织救援,并向事故发生地安全生产监督管理部门和环境保护、卫生主管部门报告。

道路危险货物运输管理机构应当公布事故报告电话。

第五十二条 在危险货物装卸过程中,应当根据危险货物的性质,轻装轻卸,堆码整齐,防止混杂、撒漏、破损,不得与普通货物混合堆放。

第五十三条 道路危险货物运输企业或者单位应当为其承运的危险货物投保承运人责任险。

第五十四条 道路危险货物运输企业异地经营(运输线路起讫点均不在企业注册地市域内)累计3个月以上的,应当向经营地设区的市级道路运输管理机构备案并接受其监管。

第五章 监督检查

第五十五条 道路危险货物运输监督检查按照《道路货物运输及站场管理规定》执行。

道路运输管理机构工作人员应当定期或者不定期对道路危险货物运输企业或者单位进行现场检查。

第五十六条 道路运输管理机构工作人员对在异地取得从业资格的人员监

督检查时,可以向原发证机关申请提供相应的从业资格档案资料,原发证机关应当予以配合。

第五十七条 道路运输管理机构在实施监督检查过程中,经本部门主要负责人批准,可以对没有随车携带《道路运输证》又无法当场提供其他有效证明文件的危险货物运输专用车辆予以扣押。

第五十八条 任何单位和个人对违反本规定的行为,有权向道路危险货物运输管理机构举报。

道路危险货物运输管理机构应当公布举报电话,并在接到举报后及时依法处理;对不属于本部门职责的,应当及时移送有关部门处理。

第六章 法律责任

第五十九条 违反本规定,有下列情形之一的,由县级以上道路运输管理机构责令停止运输经营,有违法所得的,没收违法所得,处违法所得 2 倍以上 10 倍以下的罚款;没有违法所得或者违法所得不足 2 万元的,处 3 万元以上 10 万元以下的罚款;构成犯罪的,依法追究刑事责任:

(一)未取得道路危险货物运输许可,擅自从事道路危险货物运输的;

(二)使用失效、伪造、变造、被注销等无效道路危险货物运输许可证件从事道路危险货物运输的;

(三)超越许可事项,从事道路危险货物运输的;

(四)非经营性道路危险货物运输单位从事道路危险货物运输经营的。

第六十条 违反本规定,道路危险货物运输企业或者单位非法转让、出租道路危险货物运输许可证件的,由县级以上道路运输管理机构责令停止违法行为,收缴有关证件,处 2000 元以上 1 万元以下的罚款;有违法所得的,没收违法所得。

第六十一条 违反本规定,道路危险货物运输企业或者单位有下列行为之一,由县级以上道路运输管理机构责令限期投保;拒不投保的,由原许可机关吊销《道路运输经营许可证》或者《道路危险货物运输许可证》,或者吊销相应的经营范围:

(一)未投保危险货物承运人责任险的;

(二)投保的危险货物承运人责任险已过期,未继续投保的。

第六十二条 违反本规定,道路危险货物运输企业或者单位未按规定维护或者检测专用车辆的,由县级以上道路运输管理机构责令改正,并处 1000 元以上5000元以下的罚款。

第六十三条 违反本规定，道路危险货物运输企业或者单位不按照规定随车携带《道路运输证》的，由县级以上道路运输管理机构责令改正，处警告或者20元以上200元以下的罚款。

第六十四条 违反本规定，道路危险货物运输企业或者单位以及托运人有下列情形之一的，由县级以上道路运输管理机构责令改正，并处5万元以上10万元以下的罚款，拒不改正的，责令停产停业整顿；构成犯罪的，依法追究刑事责任：

（一）驾驶人员、装卸管理人员、押运人员未取得从业资格上岗作业的；

（二）托运人不向承运人说明所托运的危险化学品的种类、数量、危险特性以及发生危险情况的应急处置措施，或者未按照国家有关规定对所托运的危险化学品妥善包装并在外包装上设置相应标志的；

（三）未根据危险化学品的危险特性采取相应的安全防护措施，或者未配备必要的防护用品和应急救援器材的；

（四）运输危险化学品需要添加抑制剂或者稳定剂，托运人未添加或者未将有关情况告知承运人的。

第六十五条 违反本规定，道路危险货物运输企业或者单位未配备专职安全管理人员的，由县级以上道路运输管理机构责令改正，可以处1万元以下的罚款；拒不改正的，对危险化学品运输企业或单位处1万元以上5万元以下的罚款，对运输危险化学品以外其他危险货物的企业或单位处1万元以上2万元以下的罚款。

第六十六条 违反本规定，道路危险化学品运输托运人有下列行为之一的，由县级以上道路运输管理机构责令改正，处10万元以上20万元以下的罚款，有违法所得的，没收违法所得；拒不改正的，责令停产停业整顿；构成犯罪的，依法追究刑事责任：

（一）委托未依法取得危险货物道路运输许可的企业承运危险化学品的；

（二）在托运的普通货物中夹带危险化学品，或者将危险化学品谎报或者匿报为普通货物托运的。

第六十七条 违反本规定，道路危险货物运输企业擅自改装已取得《道路运输证》的专用车辆及罐式专用车辆罐体的，由县级以上道路运输管理机构责令改正，并处5000元以上2万元以下的罚款。

第七章 附 则

第六十八条 本规定对道路危险货物运输经营未作规定的,按照《道路货物运输及站场管理规定》执行;对非经营性道路危险货物运输未作规定的,参照《道路货物运输及站场管理规定》执行。

第六十九条 道路危险货物运输许可证件和《道路运输证》工本费的具体收费标准由省、自治区、直辖市人民政府财政、价格主管部门会同同级交通运输主管部门核定。

第七十条 交通运输部可以根据相关行业协会的申请,经组织专家论证后,统一公布可以按照普通货物实施道路运输管理的危险货物。

第七十一条 本规定自 2013 年 7 月 1 日起施行。原交通部 2005 年发布的《道路危险货物运输管理规定》(交通部令 2005 年第 9 号)及交通运输部 2010 年发布的《关于修改〈道路危险货物运输管理规定〉的决定》(交通运输部令 2010 年第 5 号)同时废止。

附录4　国家安全监管总局　工业和信息化部　公安部　交通运输部　国家质检总局关于在用液体危险货物罐车加装紧急切断装置有关事项的通知

（安监总管三〔2014〕74号）

各省、自治区、直辖市及新疆生产建设兵团安全生产监督管理局、工业和信息化主管部门、公安厅（局）、交通运输厅（局、委）、质量技术监督局：

为深刻吸取晋济高速公路山西晋城段岩后隧道"3·1"特别重大道路交通危化品燃爆事故的教训，贯彻落实《国务院安委会办公室关于加强危险化学品道路运输和公路隧道安全工作的紧急通知》（安委办明电〔2014〕4号）的要求，切实做好液体危险货物罐车紧急切断装置加装工作，有效减少液体危险货物罐车安全隐患，现就有关事项通知如下：

一、液体危险货物罐车生产企业、改装企业和使用单位要认真做好紧急切断装置加装工作

（一）根据《道路运输液体危险货物罐式车辆 第1部分：金属常压罐体技术要求》（GB 18564.1—2006），2006年11月1日以后出厂的液体危险货物罐车应当安装紧急切断装置，否则是不合格产品。液体危险货物罐车生产企业、改装企业要制定详细的加装工作方案，采取发布公告或者逐车落实的方式，合理安排加装时间，按期分批通知罐车使用单位回厂免费安装紧急切断装置，并承担由此支出的合理开支。罐车使用单位要配合罐车生产企业和改装企业做好紧急切断装置加装工作。

（二）在销售合同或技术确认书中没有明确为运输液体危险货物但实际用于运输液体危险货物、没有安装紧急切断装置的液体危险货物罐车，或者罐车生产企业已经倒闭的，以及2006年11月1日以前出厂仍在使用的、没有安装紧急切断装置的液体危险货物罐车，罐车使用单位要出资委托符合条件的罐车生产企业或改装企业认定可以运输液体危险货物并加装紧急切断装置。

（三）液体危险货物罐车生产企业、改装企业和使用单位必须依据标准规范要求限期加装紧急切断装置。紧急切断装置应符合《道路运输液体危险货物罐式车辆紧急切断阀》(QC/T 932—2012)的要求,加装要由改装单位重新设计核定后实施,并出具改装检验合格证明。

(四)液体危险货物罐车生产企业生产的罐车、改装企业改装的罐车要符合工业和信息化部公告的车型。罐体容积、壁厚、允许装载的介质等应与该车型公告参数保持一致。未经过公告的车型不得生产或改装。

液体危险货物罐车生产企业要建立液体危险货物罐车生产销售台账,一车一档,准确记录车辆设计、生产、安全附件加装、维修、买方信息等情况,确保液体危险货物罐车身份明确、可追溯。

改装的液体危险货物罐车要依法经具备相应液体危险货物罐体检验资质(指危险化学品包装物、容器产品生产许可证检验资质或压力容器汽车罐体检验资质,下同)的检验机构检验合格,并获得检验合格证明。

液体危险货物罐车使用单位要依法取得交通运输部门颁发的道路运输经营许可证或者道路危险货物运输许可证以及道路运输证。

二、各有关主管部门要认真落实液体危险货物罐车安全监督管理职责

(一)工业和信息化主管部门依法对液体危险货物罐车的产品型号进行准入审查和公告;对液体危险货物罐车改装工作进行指导,督促企业贯彻执行《道路运输液体危险货物罐式车辆 第1部分:金属常压罐体技术要求》(GB 18564.1—2006)强制性标准要求,保证液体危险货物罐车装有紧急切断装置并质量合格。

(二)质检部门依法核发罐体的工业产品生产许可证;督促检验机构准确把握《道路运输液体危险货物罐式车辆 第1部分:金属常压罐体技术要求》(GB 18564.1—2006)要求,严格落实强制性标准要求,严把检验关;具备液体危险货物罐体检验资质的检验机构要根据标准要求,对液体危险货物罐体及其加装紧急切断装置情况进行检验,对符合标准要求的出具检验合格证明,对不符合标准要求的,一律不予检验通过。

(三)机动车安全技术检验机构要严格检查液体危险货物罐车是否安装紧急切断装置,自2015年1月1日起,对未按规定安装的,不得出具安全技术检验合格证明。质检部门、公安部门要监督机动车安全技术检验机构严格落实液体危险货物罐车安全技术检验项目和要求。

(四)交通运输部门要进一步加强液体危险货物罐车年审工作。自2015年1月1日起,没有加装紧急切断装置且无安全技术检验合格证明的液体危险货物罐车,年审一律不予通过,并注销其道路运输证。

（五）各地区安全监管部门要协调工业和信息化、质检、公安、交通运输等部门对辖区内液体危险货物罐车紧急切断装置安装情况进行全面摸底排查，严格督查，集中进行整改，并适时开展专项检查。

三、液体危险货物罐车使用单位和改装单位要切实加强罐车紧急切断装置加装过程安全管理

（一）液体危险货物罐车使用单位和改装单位要建立完善安全生产责任制、安全管理制度和针对涉及的液体危险货物的操作规程、应急预案等，落实安全生产主体责任，加强液体危险货物罐车改装过程的安全管理，严控改装过程中的事故风险。

（二）液体危险货物罐车使用单位在委托进行车辆改装前，要严格按照操作规程要求对液体危险货物罐车进行倒空、置换、清洗工作，并检测分析合格。委托改装时要将车辆运输液体危险货物种类、危险性、检测分析结果等相关信息向改装单位交底。

（三）液体危险货物罐车改装单位要严格按照操作规程要求完成液体危险货物罐车改装等工作，改装前要再次进行检测分析，依照《化学品生产单位动火作业安全规范》（AQ 3022—2008）等标准要求，加强动火及进入受限空间等特殊作业环节的安全管理，保障改装工作的安全。

（四）液体危险货物罐车使用单位和改装单位应组织员工分别就倒空、置换、清洗和改装过程中涉及到的液体危险货物的危险性、操作规程、应急处置措施等进行培训，提升员工的安全意识和能力。

四、液体危险货物罐车紧急切断装置加装工作要求

（一）自本通知发布之日起，新生产液体危险货物罐车均应装有紧急切断装置，未按规定安装的，按照《缺陷汽车产品召回管理条例》（国务院令第 626 号）予以召回，并严格追究生产企业法律责任。在用液体危险货物罐车应于 2014 年 12 月 31 日前完成紧急切断装置加装工作。2015 年 1 月 1 日起未按标准规范要求对液体危险货物罐车加装紧急切断装置的，对未加装紧急切断装置或紧急切断装置不合格但出具罐体检验合格证明的，对未加装紧急切断装置或无罐体检验合格证明但通过机动车安全技术检验机构检验、交通运输部门年审的，要严格依法追究有关单位责任。

（二）县级以上地方各级人民政府有关部门应组织研究相应实施办法，大力支持本地区液体危险货物罐车紧急切断装置加装工作。

各有关单位要按照相关法律法规、标准规范及本通知要求，强化液体危险货物罐车安全管理，提升液体危险货物罐车本质安全水平。

请各省级安全监管、工业和信息化、公安、交通运输、质检主管部门分别及时将本通知要求传达至本行政区域内各级对应主管部门及有关单位。

国家安全监管总局

工业和信息化部

公安部

交通运输部

国家质检总局

2014 年 7 月 7 日

附录5 国家安全监管总局 工业和信息化部 公安部 交通运输部 国家质检总局关于明确在用液体危险货物罐车加装紧急切断装置液体介质范围的通知

（安监总管三〔2014〕135号）

各省、自治区、直辖市及新疆生产建设兵团安全生产监督管理局、工业和信息化主管部门、公安厅（局）、交通运输厅（局、委）、质量技术监督局：

为切实做好在用液体危险货物罐车加装紧急切断装置工作，针对各地区反映的液体危险货物罐车加装紧急切断装置介质范围的有关问题，研究确定了在用液体危险货物罐车加装紧急切断装置的液体介质范围名单（见附件）。请各地区相关部门结合贯彻落实《国家安全监管总局 工业和信息化部 公安部 交通运输部 国家质检总局关于在用液体危险货物罐车加装紧急切断装置有关事项的通知》（安监总管三〔2014〕74号），认真遵照执行。

附件：加装紧急切断装置的液体介质范围名单

国家安全监管总局
工业和信息化部
公安部
交通运输部
国家质检总局
2014年12月20日

附件

加装紧急切断装置的液体介质范围名单

GB 12268 编号	介质名称说明	危险程度分类	罐体设计代码
1090	丙酮	易燃	LGBF
1114	苯	易燃、中度危害	LGBF
1120	丁醇	易燃	LGBF
1123	乙酸丁酯	易燃	LGBF
1160	二甲胺水溶液	易燃、中度危害	L4BH
1170	乙醇或乙醇溶液	易燃	LGBF
1173	乙酸乙酯	易燃	LGBF
1198	甲醛溶液	腐蚀、易燃、高度危害	L4BN
1202	柴油*	易燃	LGBF
1203	车用汽油或汽油	易燃	LGBF
1212	异丁醇	易燃	LGBF
1219	异丙醇	易燃	LGBF
1223	煤油	易燃	LGBF
1230	甲醇	易燃、中度危害	L4BH
1294	甲苯	易燃	LGBF
1307	二甲苯	易燃	LGBF
2055	单体苯乙烯,稳定的	易燃、中度危害	LGBF